UN MENÚ
PARA CADA OCASIÓN

Papel certificado por el Forest Stewardship Council®

Penguin
Random House
Grupo Editorial

Papel certificado por el Forest Stewardship Council®
Primera edición: octubre de 2023

© 2023, Paola Freire
© 2023, Penguin Random House Grupo Editorial, S.A.U.
Travessera de Gràcia, 47-49. 08021 Barcelona
© Pipi Hormaechea, por las fotografías

Printed in Spain - Impreso en España

ISBN: 978-84-253-6421-1
Depósito legal: B-14.779-2023

Compuesto por Roser Colomer Pinyol
Impreso en Índice, S. L.
Barcelona

PAOLA FREIRE

foodtropia

UN MENÚ PARA CADA OCASIÓN

MÁS DE 80 RECETAS RICAS Y SANAS PARA COCINAR
EN TU DÍA A DÍA

Grijalbo

A mi madre, Paola. La publicación de este libro no habría sido posible sin ti.
Gracias por tu entrega incansable

A mi marido Santi, el pilar de mi vida.
Lo eres todo para mí

A mis hijos Pedro y Paola.
Gracias por acompañarme cada día que he cocinado, escrito y fotografiado este libro.
Espero que estéis orgullosos de mí.
Os quiero con locura

A mi padre.
Por ser el mejor ejemplo de que hay que luchar por lo que queremos, ser fiel a uno mismo y amar
incondicionalmente

A mis hermanas, que son mis compañeras de vida

A mis abuelos, que son mi meta en la vida

ÍNDICE

PRÓLOGO DE CATALINA GARCÍA GERMÁN

Conocí a Paola justo cuando acababa de dejar su carrera como abogada, decidida a perseguir su pasión, la cocina. Se había matriculado en Le Cordon Bleu y comenzaba una cuenta llamada Foodtropia, y nosotras, en *The Good Food Company*, buscábamos una incorporación a nuestro equipo. Como diría la canción, «el flechazo fue instantáneo», y su paso por nuestras cocinas fue una inyección de alegría. Todo le interesaba, todo le divertía y su capacidad de trabajo era infinita. Lo bueno de una empresa pequeña es que llegas a trabajar en diferentes departamentos, y en cada una de estas facetas Paola desprendía ganas de aprender, de hacer cosas nuevas…, en definitiva, de comerse el mundo de la gastronomía. A estas alturas podríamos decir que lo demás es historia.

Sus estudios de cocina nos la robaron, y desde entonces hemos sido testigos directos de su vertiginosa carrera. Paola es una persona vital, cariñosa, sincera, y eso se transmite en todo su trabajo: en las recetas, en las redes, en sus clases y, por supuesto, en sus libros. Se han convertido en una herramienta fundamental para que todo el mundo disfrute un poquito de la magia de Foodtropia en su casa. El secreto del éxito de Foodtropia y de Paola es relativamente fácil de entender, pero muy difícil de reproducir. Platos llenos de creatividad, con combinaciones especiales, pero sin recurrir a productos imposibles de encontrar o a técnicas largas y complejas. Así consigue recetas que mezclan el trío infalible de características: ricas, sencillas y originales, cosa que parece fácil de explicar, pero que, y lo digo como cocinera, es casi imposible de alcanzar. Es esa fórmula mágica que todos buscamos y que solo unos pocos logran, esa fórmula que Paola comparte con nosotros para que todos tengamos ese mismo éxito cuando reunimos a nuestra familia y amigos en torno a una mesa.

PRÓLOGO DE ELISA BLÁZQUEZ

Hablar de vida sana es hablar de cocina sana, su sinergia nos fortalece y son dos buenas compañeras de vida, incluso diría que las mejores. La buena cocina no solo tiene que saber bien, tiene que sentar bien, y es aquí donde una receta se convierte en una fórmula magistral de nutrientes que nos alimentan de verdad.

Entender la cocina como lo hace Paola nos acerca a la salud con un lenguaje natural, sincero, equilibrado y apetecible. Sus recetas se han convertido en una guía de salud para muchos, y es que lo son: cocinar Foodtropia es una de las maneras más sencillas de llevar una buena nutrición.

Conocí a Foodtropia hace unos años para colaborar en una startup de *mealkits* saludables y la conexión fue total. Sus recetas no solo encajan a la perfección nutricionalmente, también me fascinó su manera de conseguir combinaciones llenas de sabor con recetas tan sencillas y accesibles. Aquí nació una bonita relación llena de sinergias y nos convertimos en dos buenas compañeras de profesión y de vida.

Foodtropia tiene todo lo que necesita una receta sana: buen producto de cercanía y fresco, cocciones controladas, evitar el exceso de frituras, condimentos naturales y un equilibrio de ingredientes que sea digestivo y nutritivo. Son recetas sinceras a la vez que sorprendentes, saben como las habías imaginado, pero no pensabas que te iban a gustar tantísimo. Esto es lo que necesitamos cuando nos embarcamos en un proyecto de vida sana: resultados realistas y fáciles de alcanzar.

Paola facilita la vida a todas las personas que la siguen. Si tienes este libro en tus manos, ¡enhorabuena!, estás a punto de embarcarte en una aventura gastronómica que mejorará tu salud y la de tus familiares. Permíteme un pequeño consejo: que estas recetas se conviertan en un legado para los tuyos es uno de los mejores regalos que les puedes hacer.

PRÓLOGO DE MARTA MUÑOZ CALERO

La fotografía que ilustra un libro de recetas es clave para poder transmitir la apetitosidad de los platos, pero no siempre fue así. A principios del siglo pasado, los libros de cocina eran textos complejos llenos de explicaciones técnicas. Por fortuna, esto fue evolucionando y en los años sesenta llega el color y la fotografía culinaria a sus páginas.

Los libros con una gran carga visual como los que conocemos en la actualidad han cambiado nuestra forma de comer. Lo más importante a la hora de crear una narrativa visual es que logre inspirar sin intimidar al lector.

Hace unos años, Instagram irrumpió en nuestras vidas generando una cantidad abrumadora de contenido gastronómico, y tantos se convirtieron en fotógrafo. Tener un estilo propio y sobresalir entre tantísimas propuestas visuales no es sencillo, pero Foodtropia ha sabido encontrar un sitio. Sencilla y honesta como su cocina, propone recetas clásicas con un toque diferente fácil, rico y sano.

Conocí a Paola en un encuentro de prensa después de seguir su cuenta durante meses y enseguida conectamos. La comida es un hilo conductor que une de una forma muy orgánica, así que cuando me llamó para pedirme que escribiese uno de los prólogos de su segundo libro me hizo especial ilusión.

El primero de ellos llegó a mi casa con una dedicatoria preciosa y puedo decir que está lleno de «cicatrices de cocina», así llamo yo a las manchas y accidentes por los que pasan los libros de recetas cuando realmente los utilizas.

Cocinar para los demás es una forma clara de transmitir amor. En mi casa siempre se ha vivido mucho la cocina, mi esencia está ligada a la comida y no sé contar una historia sin una imagen que despierte nuestros sentidos y consiga emocionarnos. La fotografía y el estilismo gastronómico en un libro de cocina son el escaparate que nos seduce. Nos debe acercar a intuir un sabor, un olor, una textura...

Creo que Foodtropia está presente en muchos de los menús diarios que cuelgan de las neveras de nuestras casas, y las recetas de la abuela Merche nos han atrapado a muchos, así como la pasión que Paola tiene por acercar la cocina sana y tradicional a muchos «rookies» culinarios.

Espero que este segundo libro siga alimentando nuestro hábito de comer sano y rico sin invertir demasiado tiempo en preparar, pero sí en disfrutar. Menos siempre fue más, y Paola es eso, una mujer transparente, honesta, sencilla y con mucho talento. Seguro que después de su segundo libro nos quedaremos con muchas ganas de más universo Foodtropia.

INTRODUCCIÓN

Espero que en mi segundo libro, *Un menú para cada ocasión*, encontréis la inspiración que necesitáis para preparar vuestras comidas y cenas, **sea cual sea la ocasión**, y que mis recetas os acompañen en vuestro día a día. Lo he escrito con la filosofía y esencia de siempre: haceros la vida más fácil, sana y rica.

Me encantaría que recurrierais a estas páginas con frecuencia, para buscar ideas para una comida especial con amigos o una cena de diario sencilla pero sabrosa, o porque queréis comer rico en la oficina. También me gustaría que acudierais a estas recetas porque os apetezca saborear un buen plato entre semana o un menú más elaborado para compartir con los vuestros los fines de semana en formato bufet o como picoteo. Ha sido todo un reto seguir creando y compartiendo con vosotros nuevos platos elaborados con productos de temporada, fáciles de encontrar en los mercados locales, que os resulten sencillos de preparar y os hagan felices en cualquier ocasión. ¡Espero haberlo conseguido con estas más de 80 recetas!

La cocina es un eje fundamental en mi vida, y no solo porque me dedique a ella de manera profesional, sino porque, como muchos de vosotros, es una actividad en la que invierto muchas horas a la semana. Las recetas que preparo me acompañan en muchos momentos y me unen a muchas personas, por eso me parece muy importante saber qué cocinar en cada ocasión e intentar

siempre disfrutar del proceso sin necesidad de complicarnos.

Con este libro también intento daros recursos y herramientas que os ayuden a organizaros en la cocina, a optimizar procesos y a aprovechar y reutilizar alimentos de forma óptima.

Sin duda, **la organización** es un elemento clave en la cocina y nos permite disfrutar de ella sin agobios. Por eso aprovecho estas páginas para daros algunos consejos que a mí me suelen funcionar para estar más relajada y confiada entre fogones.

Empezad **escogiendo las recetas** que queráis cocinar teniendo en cuenta la ocasión y calculad las **cantidades** en función del número de personas que vayáis a comer o de las raciones que queráis preparar. Este proceso os ayudará a elaborar una buena lista de la compra. Es clave ir a la tienda con una lista para no despistarnos, desviarnos y comprar cosas que realmente no necesitamos (o que se nos olviden otras que sí necesitamos). Acordaos de incluir algunos recursos que, aunque no vayáis a utilizar ese día, os puedan ayudar cuando no tengáis tiempo o ganas de cocinar (en mi caso, las conservas).

Organizad y ordenad la compra en casa de forma que os resulte sencillo acceder a los alimentos y lo tengáis todo a mano para que os apetezca cocinar y no acabéis tirando nada. Es importante tener una nevera, congelador y despensa siempre vivos que nos inviten y animen a cocinar.

La organización es clave no solo para que nuestra semana sea más soportable, sino también cuando invitamos a una comida o cena en casa a la familia y a los amigos y queremos disfrutar con ellos sin tener que estar empantanados en la cocina mientras los demás saborean los platos.

Como muchos sabréis, el *batch cooking* es una técnica que consiste en cocinar en un día, en un periodo de tiempo relativamente corto, varias elaboraciones que sirvan para combinar entre ellas a lo largo de la semana y nos faciliten las recetas del día a día. En este libro os propongo varias que son perfectas para llevar a la **oficina** y de las que, si aplicáis esta técnica y adelantáis algunos procesos que os indico, podréis disfrutar sin necesidad de pasar horas en la cocina. En este tipo de platos es muy importante la conservación para que estén igual de ricos y sabrosos cuando los comamos en el trabajo. Las ensaladas, si sabemos montarlas bien y escogemos ingredientes que aguanten, son unas buenas aliadas (siempre que llevemos nuestro aliño aparte), como también lo son los platos de cuchara en general.

Pero como no siempre tenemos tiempo para adelantar y las **cenas** suelen ser el momento en el que menos inspiración y ganas tenemos de cocinar, también he incluido un capítulo para cenas entre semana fáciles, ricas y sanas con recetas que nos hagan más llevadero ese momento sin renunciar a comer bien.

Desde muy pequeña he visto cómo mi madre organizaba en casa **comidas o cenas con familia y amigos**. La recuerdo pensando los platos que iba a preparar, haciendo la lista de la compra, distribuyéndose las tareas con mi padre y adelantando elaboraciones para no tener que estar el día anterior agobiada

cocinando mil platos y poder así disfrutar con sus invitados. En función de la ocasión y del número de comensales, decidía unas u otras recetas y el formato en el que presentarlas en la mesa (que solía dejar montada la noche anterior). Ahora, cuando me toca hacerlo a mí, sigo sus pasos y valoro mucho el haberlo aprendido. Por eso quiero compartir con vosotros recetas y consejos que os ayuden.

Si tenéis muchos invitados y no disponéis de espacio suficiente para sentarlos a todos, quizá os resulte más sencillo ofrecer un **bufet**. Preparad una mesa grande en la que dispongáis todos los platos y que cada invitado se sirva lo que quiera. Para ello bastará con que reservéis un espacio en la mesa para colocar platos, muchos cubiertos, servilletas y vasos.

Como no siempre se nos ocurren recetas que puedan encajar en este formato, he incluido un capítulo con ideas perfectas para un bufet y algunos consejos sobre cómo servirlo. Aquí encontraréis, por ejemplo, una receta de *roast beef* que podéis preparar la noche anterior y sacarlo de la nevera un par de horas antes de comerlo para que esté a temperatura ambiente. Bastará con servirlo ya cortado con la salsa caliente. En este tipo de comidas funciona muy bien poner muchas guarniciones para acompañar dos o tres platos principales. Y aunque sea un bufet, no os olvidéis de las cremas de verduras (frías o calientes), que podéis presentar en vasitos o en una jarra o sopera para que cada comensal se sirva a su gusto.

Si lo que no queréis es complicaros montando una mesa, pero os apetece invitar a algunos amigos o a la familia para disfrutar de una comida o cena, os recomiendo preparar un **picoteo**. En este libro tenéis un capítulo entero con muchas propuestas. Una vez más, es clave la organización y contar con una buena despensa y alimentos frescos para preparar este estilo de recetas.

Y como a veces queremos cocinar con calma e invertir tiempo en preparar platos sencillos pero que requieren paciencia y organización, he incluido un capítulo con recetas para **ocasiones más especiales**, en las que

A menudo, lo que más falta nos hace es inspiración, ideas y propuestas para nuestras **comidas de diario y fin de semana**. Por eso, también encontraréis un apartado muy completo con recetas de todo tipo para el día a día que os permitirán no caer en la monotonía y que toda la familia disfrute comiendo variado, sano y rico.

montaríamos una mesa más sofisticada para compartir con un grupo más reducido de amigos. Encontraréis muchas ideas y consejos que os ayudarán para que vuestros platos salgan perfectos y os convirtáis en los mejores anfitriones. Estoy segura de que más de uno de vuestros invitados os pedirá la receta de algunos de los platos que les sirváis, así que ¡no olvidéis regalarles este libro!

A veces, una misma receta puede encajar en diferentes ocasiones dependiendo del formato en el que la presentemos y de la mesa que preparemos. Por eso considero importante tener unos **básicos de menaje para montar una mesa bonita** acorde al momento. Un ejemplo muy claro es el pollo al curri. Podemos llevárnoslo a la oficina en un táper, podemos ponerlo en una cena tipo bufet, emplatado en una fuente y acompañado con diferentes guarniciones, o podemos servirlo como plato principal en una comida o cena con amigos.

No hace falta tener muchas cosas, pero sí os aconsejo que invirtáis en una vajilla básica que no os canse para usarla a diario y también en ocasiones especiales. Intentad tener al menos seis servicios que incluyan platos llanos, soperos, de postre y boles. Luego, podéis ir comprando otros platos que os gusten e ir jugando y combinando según la celebración. Haceos con una cubertería de calidad que os dure años y una cristalería con vasos y copas bonitas pero resistentes. Tampoco pueden faltar servilletas de tela de diferentes colores en dos tamaños (para comidas y para aperitivos), uno o dos manteles diferentes y unos individuales para hacer más apetecibles las comidas y cenas de diario. Si lo que os gusta es comer en el salón o viendo la televisión, comprad una bandeja bonita y os ahorraréis montar una mesa.

Acompañad la vajilla con fuentes y ensaladeras de diferentes tamaños que os permitan emplatar las recetas y llevarlas directamente a la mesa. Si no sois de los que emplatan las cremas o guisos en la cocina y no queréis llevar la cazuela a la mesa, necesitáis una sopera.

Que en vuestra cocina no falten tablas de madera o mármol para montar los aperitivos, ni boles de diferentes tamaños para servir cosas de picoteo, salsas, guarniciones o las cremas de verduras. Invertid en piezas que sean versátiles y a las que vayáis a dar uso.

Si os gusta servir platos en formato individual y hacer comidas o cenas de picoteo, entonces os recomiendo que, para no tener que estar pasando la comida, preparéis recetas que sean de bocado y emplatéis en cucharitas, vasitos pequeños o tarritos. Así que haceos con un kit de menaje apropiado para esas ocasiones.

Me encanta tener flores frescas en casa, pero si no me ha dado tiempo a comprarlas, a veces utilizo fruta, verdura u hortalizas para decorar la mesa. Cuando organizo cenas, no faltan los candelabros con velas para hacer mi mesa más especial.

De la misma manera que la fase de preparación y organización de una receta o menú me parece muy importante, también considero fundamental saber gestionar y aprovechar lo que nos ha sobrado o no hemos utilizado y darle una segunda vida a esos platos

o ingredientes para no desechar nada. Por eso he incluido en cada receta un apartado de conservación, para saber cuánto aguanta una receta, cómo mantenerla, si es apta para congelar o no y cómo descongelarla correctamente para regenerar el alimento y que siga siendo apetecible.

Como os decía al principio, espero que este libro, al que tantas horas he dedicado, os inspire y acompañe a diario en vuestras comidas y cenas, **sea cual sea la ocasión**. Con independencia de para qué o quién cocinéis, lo importante es que disfrutéis del proceso y del momento final cuando saboreéis ese plato que habéis preparado con tanto cariño y dedicación.

Ojalá os emocionéis cocinando y probando mis recetas igual que lo hago yo cuando las creo, cuando las comparto con mi familia y mis amigos y me dicen que les han gustado o cuando veo la cara de mi hijo Pedro al saborear por primera vez alguno de mis platos. La cocina es tan bonita que merece la pena aprender para disfrutarla, y me encantaría que emprendierais ese camino conmigo y con mi libro.

Y si algo tengo claro es que todo este trabajo y esfuerzo ha merecido la pena solo por saber que con mis recetas llego a vuestras casas para haceros la vida más fácil, sana y rica.

DE PICOTEO

RECETAS PARA CADA OCASIÓN

DIP DE QUESO FETA Y ALBAHACA CON PAN NAAN Y CRUDITÉS

El queso feta y la albahaca fresca son dos ingredientes que han nacido para estar juntos, me encantan y los utilizo en muchas recetas. Tenéis que probar este dip cremoso, sabroso y superfácil. Perfecto para aperitivos. Si os sobra, podéis reconvertirlo en una salsa riquísima que os detallaré en otra receta.

25 min

para 6-8 personas

PARA EL DIP

200 g de queso feta

1 yogur griego (125 g aprox.)

1 puñado de albahaca fresca (20 g aprox.)

1 cucharada de aceite de oliva virgen extra

el zumo y la ralladura de 1 limón

1 puñado de pistachos

pimienta

PARA EL PAN NAAN

150 g de harina de trigo (la cantidad puede variar en función de la marca)

1 yogur griego (125 g aprox.)

20 ml de aceite de oliva suave

½ cucharadita de levadura química

sal

pimienta

PARA LAS CRUDITÉS

endivias

rabanitos

tomates cherri

pepino

zanahoria

PASO A PASO

En una procesadora, ponemos el queso feta, el yogur, la albahaca, el aceite y un poquito de zumo de limón. Trituramos hasta obtener una salsa cremosa. Probamos y rectificamos de lo que sea necesario para hacerla a nuestro gusto. Servimos en un bol poniendo por encima pistachos picados, albahaca fresca picada, un hilito de aceite de oliva virgen extra y pimienta.

En otro bol, mezclamos todos los ingredientes del pan. Primero lo hacemos con la ayuda de una cuchara y, cuando ya esté todo integrado, lo pasamos a una encimera sobre la que habremos espolvoreado un poco de harina. Terminamos de amasar hasta lograr una masa lisa y que no se pegue en exceso a las manos. Si se pega mucho y no podemos manejarla, añadimos algo más de harina. Dejamos reposar 5 minutos mientras preparamos las crudités.

Dividimos la masa de pan en 4-6 porciones y las estiramos muy finitas con un rodillo. Calentamos una sartén con aceite de oliva virgen extra a fuego fuerte. Ponemos una porción de pan y bajamos el fuego a temperatura media. Veremos que empiezan a salir algunas burbujas, esperamos 1 minuto a que se hinchen bien y le damos la vuelta. Cocinamos por el otro lado 2 minutos más. Repetimos la operación con el resto de las porciones.

Cortamos el pan en triángulos y servimos con el *dip* y las crudités.

CONSEJOS

- Amasamos bien el pan hasta conseguir una textura lo más lisa posible y, mientras no la utilicemos, debemos tener la masa tapada para que no se agriete.

- El pan saldrá muy rico si le untamos una mezcla de mantequilla derretida (o aceite con ajo picadito) con alguna hierba aromática.

- En las páginas 33, 37 y 42 encontrarás algunas recetas de aprovechamiento para reutilizar la masa que nos sobre.

CONSERVACIÓN

- Ambas elaboraciones aguantan 2 días en la nevera sin problema. La masa del pan se tiene que conservar envuelta en papel film. Con el frío, el *dip* se endurecerá un poco, por lo que recomiendo sacarlo de la nevera 10 minutos antes de consumirlo para que recupere la textura.

- Si sobra *dip*, podemos preparar la receta de la página 132.

TARTAR DE GAMBAS CON AGUACATE Y MANGO SOBRE OBLEAS DE ARROZ CRUJIENTE

Suelo utilizar las obleas de arroz para preparar rollitos vietnamitas, pero descubrí que también se pueden freír para hacer de base crujiente con aperitivos y entrantes. En esta ocasión, las presento con un tartar de gambas brutal, pero podéis servirlas con el pescado que más os guste. El secreto de esta receta: buen marisco y aderezar al gusto.

---

25 min
para 4 personas

8-10 gambas
   (depende del tamaño)

35 g de mango

35 g de aguacate

10 g de cebolleta

cebollino o cilantro picado
   al gusto

1 cucharadita de mostaza
   de Dijon

1 cucharada de salsa de soja

salsa picante tipo tabasco
   o Valentina al gusto

el zumo de ½ lima

sal

pimienta

aceite de oliva virgen extra

1 oblea de arroz

semillas de sésamo al gusto

PASO A PASO

Pelamos las gambas y las picamos en trozos pequeños. Cortamos el mango y el aguacate en dados no muy grandes y picamos mucho la cebolleta. Lo ponemos todo en un bol y vamos aderezándolo con el cebollino picado, la mostaza, la salsa de soja, la picante, el zumo de lima, sal, pimienta y aceite de oliva virgen extra. Mezclamos con cuidado, probamos y rectificamos según nuestro gusto. Reservamos en frío.

Cortamos la oblea en 8 triángulos. En una sartén, vertemos una cantidad generosa de aceite de oliva y, cuando esté bien caliente, freímos los triángulos. Si el aceite está caliente, una vez que los introduzcamos, inmediatamente se van a encoger y los podemos retirar a un plato con papel de cocina para que se absorba el exceso de aceite.

Servimos el tartar sobre las obleas con un poco más de cebollino picado y semillas de sésamo por encima.

CONSEJOS

- Lo mejor es preparar esta receta en el momento de consumir. Es importante que sirváis el tartar sobre los triángulos de oblea cuando se vaya a comer porque, si no, se reblandecen y es complicado manipularlos.

CONSERVACIÓN

- Mejor consumir en el mismo día.

TOSTA DE HOJALDRE CON TARTAR DE REMOLACHA, FRESAS, PIPARRAS Y SARDINA AHUMADA

Esta receta es ideal para un aperitivo de primavera. Si tenéis invitados vegetarianos, podéis servir la tosta sin el pescado. A mí, personalmente, me encanta la combinación de sabores de la sardina ahumada con el dulzor de las fresas y la remolacha, y con la acidez de las piparras. Es una delicia.

35-40 min
para 4 personas

1 placa de hojaldre
  de mantequilla

200 g de fresas

100 g de remolacha cocida

8-10 piparras en vinagre

aceite de oliva virgen extra

sal

pimienta

unas hojas de salvia o albahaca
  frescas (opcional)

8 sardinas

cebollino fresco al gusto

PASO A PASO

Estiramos la masa de hojaldre, la pinchamos muy bien y la horneamos a 200 °C con calor arriba y abajo y con ventilador durante 20 minutos o el tiempo que sea necesario hasta que esté dorada. Cuando empiece a subir, abrimos la puerta del horno y, con mucho cuidado, ponemos algo de peso encima (una placa de horno más pequeña o una fuente) para evitar que se hinche.

Picamos las fresas y la remolacha en dados muy pequeñitos y las piparras en rodajas finitas. Aliñamos con aceite de oliva virgen extra, sal, pimienta y terminamos con la albahaca o salvia picadas. Mezclamos, probamos y rectificamos de lo que sea necesario.

Cuando el hojaldre se haya entibiado, con un cuchillo de sierra cortamos piezas rectangulares del tamaño que tengan las sardinas (como mínimo, de ancho y largo) que vayamos a emplatar.

Servimos el tartar sobre las tostas y disponemos las sardinas encima del tartar. Decoramos con cebollino, un hilito de aceite de oliva virgen extra y alguna fresa más muy laminada.

CONSEJOS

- Os recomiendo que compréis un hojaldre de mantequilla de calidad, con buenos ingredientes. Prepararlo en casa es muy laborioso y lleva al menos 2 días.

CONSERVACIÓN

- Podéis dejar el hojaldre horneado la noche anterior, envolverlo en papel film o de cera de abeja y conservarlo en la nevera.

- Si sobra hojaldre, se puede reutilizar preparando la receta de la página 25 o la de la 77.

SAQUITOS DE PUERROS Y CHAMPIÑONES

Preparé este aperitivo para un curso que ofrecí durante el confinamiento y fue un éxito.
Podemos rellenar estos saquitos con lo que más nos guste y quedan supercrujientes sin tener que freírlos.

50 min
para 16 saquitos - 6 personas

2 puerros
12-15 champiñones
    (125 g aprox.)
aceite de oliva virgen extra
sal
4-5 láminas de masa filo
30 ml de salsa de soja

PASO A PASO

Paso previo: reservamos la primera capa de los puerros para, posteriormente, hacer unas tiras que nos servirán para atar los saquitos.

Lavamos y picamos las verduras muy pequeñitas.

En una sartén pochamos los puerros a fuego suave con aceite y sal. Añadimos una cucharadita de agua, tapamos y cocinamos 5 minutos. Cuando estén bien pochados, subimos el fuego, incorporamos los champiñones y salteamos a fuego fuerte durante 2-3 minutos sin dejar que estos suelten agua. Pasamos la mezcla a un bol y dejamos que se atempere.

Cortamos las láminas de masa filo en varios rectángulos; de cada hoja salen unos 6 rectángulos de 15 por 13 cm aproximadamente. Los embadurnamos con aceite o mantequilla derretida. Colocamos un rectángulo y encima otro para obtener piezas más resistentes y evitar que se rompan cuando rellenemos.

Ponemos una cucharada pequeña de relleno sobre cada rectángulo y lo cerramos haciendo un saquito. Atamos los saquitos con una tira finita de la primera capa de los puerros y los horneamos a 180 °C con ventilador durante 15 minutos hasta que se doren.

Servimos con salsa de soja.

CONSEJOS

- Si sobra masa filo, podemos preparar las recetas de las páginas 40 y 78.

- La masa que no usemos debe estar siempre tapada para que no se seque ni se deshidrate.

CONSERVACIÓN

- Podemos preparar el relleno el día anterior y guardarlo en la nevera, o hacer varios saquitos y congelarlos. En este caso, hay que sacarlos del congelador 10 minutos antes de hornearlos.

QUESADILLAS CON QUESO SCAMORZA, POLLO E HIGOS

Una receta perfecta para un picoteo o una cena que gire en torno a lo mexicano.
El queso proporciona un toque ahumado genial para el pollo, y los higos una nota dulce diferenciadora.

25 min

para 4 personas

2 medias pechugas de pollo
(350 g aprox.)

1 cucharada de aceite de oliva
virgen extra

sal

pimienta

6 tortillas de trigo integral

80 g de queso scamorza

6 tomates secos hidratados
en aceite de oliva

6 higos o brevas

50 g de queso mozzarella
rallado

PARA EL PICO DE GALLO

¼ pimiento rojo

¼ pimiento verde

¼ cebolleta

1 tomate muy maduro

el zumo de ½ lima

sal

1 cucharada de aceite de oliva
virgen extra

cilantro fresco al gusto

PASO A PASO

En una sartén con aceite, añadimos las pechugas salpimentadas y las cocinamos a fuego fuerte por ambas caras hasta que estén doradas. Bajamos el fuego, incorporamos un poquito de agua que cubra la superficie, tapamos y cocinamos 10 minutos más.

Mientras tanto, preparamos el pico de gallo. Cortamos las hortalizas en dados pequeños y las ponemos en un bol. Aliñamos con el zumo de lima, sal, aceite y cilantro picado.

En una sartén caliente, ponemos una tortilla, la dejamos cocinar durante 1 minuto y le damos la vuelta. Con la sartén a fuego medio-alto, colocamos sobre la tortilla el queso, el pollo desmenuzado o en tiras, los tomates secos y los higos pelados y cortados en trozos. Cubrimos con mozzarella rallada y tapamos con otra tortilla.

Con la ayuda de un plato, damos la vuelta a la quesadilla y cocinamos 2 minutos más hasta que esté bien dorada y crujiente.

Servimos con el pico de gallo por encima.

CONSEJOS

- Si preparamos más cantidad de pico de gallo, podemos utilizarlo en otras recetas con pescados crudos. En un frasco aguanta 2-3 días.

- Es una receta de aprovechamiento; podemos sustituir el pollo por cerdo o ternera si tenemos sobras.

CONSERVACIÓN

- Si sobran, podemos guardarlas en la nevera y darles un golpe de calor en una sartén para volver a fundir el queso.

- Podemos preparar la receta de la pág. 31 si sobran tortillas.

TOTOPOS CASEROS CON CHILI DE CARNE Y ALUBIAS

En casa, cuando preparamos quesadillas, fajitas o tacos, suelen sobrar tortillas de maíz o trigo y, para evitar que se resequen, hacemos totopos. En esta ocasión, los serví con un poco de carne con alubias que tenía de otra receta, los gratiné con queso en el horno y los acompañé con guacamole. ¡Un éxito! El plan perfecto para ver una peli o un partido con los amigos.

20 min
para 2 personas

4 tortillas de maíz o trigo

1 aguacate

1 tomate maduro pequeño

15 g de cebolleta

cilantro fresco al gusto

el zumo de 1 lima

aceite de oliva virgen extra

sal

salsa picante al gusto

chili con alubias (véase receta de la página 101)

queso mozzarella rallado al gusto

chiles verdes en rodajas al gusto

PASO A PASO

Con unas tijeras, cortamos las tortillas en cuatro tiras y, después, cada tira en triángulos para hacer los totopos. Los ponemos en un bol, los embadurnamos en aceite de oliva virgen extra y los colocamos sobre una bandeja de horno forrada con papel vegetal. Horneamos a 180 °C con calor arriba y abajo durante 7-8 minutos hasta que empiecen a dorarse ligeramente y estén crujientes.

Mientras tanto, preparamos el guacamole. En un mortero o bol, machacamos el aguacate. Añadimos el tomate pelado (y escurrido el exceso de agua), la cebolleta y el cilantro, todo muy picadito. Aliñamos con zumo de lima, aceite, sal y salsa picante.

Calentamos el chili con alubias.

Disponemos los totopos sobre una fuente apta para horno, añadimos por encima queso mozzarella y chili al gusto, y los metemos en el horno unos minutos hasta que el queso se funda.

Servimos con el guacamole y unas rodajas de chiles verdes.

CONSEJOS

- Consumimos inmediatamente después de salir del horno para que el queso esté bien fundido y los totopos no se reblandezcan.

- Si tenemos invitados, podemos tenerlo todo listo y simplemente montar y gratinar cuando vayamos a comer.

CONSERVACIÓN

- Podéis preparar una gran cantidad de totopos con todas las tortillas que os hayan ido sobrando de otros platos y conservarlos en un tarro de cristal. Aguantan al menos 1 semana en la despensa.

COCA DE VERDURAS Y BOQUERONES CON SALSA ROMESCO

Esta receta es perfecta para un picoteo con familia y amigos y la podéis dejar preparada la noche anterior.

50 min

para 2 cocas medianas
o 1 grande - 6-8 personas

1 pimiento rojo pequeño

1 pimiento verde

1 pimiento amarillo

1 berenjena pequeña

1 cebolla

1 calabacín pequeño

boquerones al gusto

aceite de oliva virgen extra

sal y pimienta

PARA LA MASA DE COCA

250 g de harina de trigo

155 ml de agua

60 ml de aceite de oliva suave
con 0,4 ° de acidez

sal

PARA LA SALSA ROMESCO

3 tomates pera grandes

½ cebolla

3 dientes de ajos

30 g de avellanas

30 g de almendras

1 cucharadita de pimentón
dulce

4 cucharadas de aceite de oliva
virgen extra

sal y pimienta

vinagre al gusto

PASO A PASO

Primero, preparamos el romesco. Para ello, horneamos a 180 °C los tomates (les quitamos el pedúnculo y hacemos unos cortes en la base para que luego resulte más sencillo pelarlos), la cebolla, los dientes de ajos y los frutos secos. A los 10 minutos, sacamos los frutos secos (es importante vigilarlos porque se tuestan muy rápido y no queremos que se quemen) y cocinamos 30 minutos más o el tiempo que sea necesario hasta que la verdura esté blandita. La dejamos a temperatura ambiente, la pelamos y la trituramos con los frutos secos, el pimentón, el aceite, sal, pimienta y vinagre. Probamos y rectificamos para que quede a nuestro gusto.

Para hacer la coca, en un bol mezclamos la harina, el agua, el aceite y sal hasta formar una masa compacta. Si se nos pega a las manos, podemos añadir más harina. La estiramos sobre un papel de horno hasta dejarla finita y colocamos por encima las verduras cortadas en bastones y embadurnadas con aceite, sal y pimienta. Horneamos a 180 °C con calor arriba y abajo durante 30-35 minutos o hasta que la masa esté dorada y las verduras, asadas.

Colocamos por encima los boquerones y servimos con la salsa.

CONSEJOS

- La textura de la salsa es granulada por los frutos secos. Debemos hacerla a nuestro gusto, o incluso añadiendo algo de picante.

- Tradicionalmente se sirve con calçots, pero podéis tomarla con pescado, carnes o cualquier tipo de verdura asada.

CONSERVACIÓN

- En la nevera la coca aguanta 3 días tapada (sin los boquerones) y la salsa, 1 semana.

MINIHAMBURGUESAS DE TERNERA, VERDURAS Y QUESO

Si hay un plato que no falla cuando hay una celebración informal con peques o adultos
son las minihamburguesas. Estas, además, llevan verduras y queso, lo que las hace supersabrosas
y completas.

35 min
para 18-20 unidades
   - 10 personas

---

35 g de pimiento rojo

35 g de pimiento verde

35 g de pimiento amarillo

50 g de berenjena

50 g de calabacín

50 g de zanahoria

50 g de cebolla

aceite de oliva virgen extra

sal

pimienta

500 g de carne picada
    (mezcla de ternera y cerdo)

1 huevo

perejil fresco al gusto

ajo en polvo al gusto

40 g de queso parmesano
    rallado

18-20 unidades de minipán
    de hamburguesa

50 g de rúcula

mostaza del tipo que queráis
    al gusto

PASO A PASO

Cortamos las verduras en trozos lo más pequeños posible y las pochamos en una sartén con aceite de oliva virgen extra, sal y pimienta durante 10 minutos con la tapa puesta. Pasado este tiempo, quitamos la tapa, subimos el fuego y doramos.

Mientras empezamos a preparar las minihamburguesas mezclando la carne picada con el huevo batido, perejil fresco, ajo en polvo, sal y pimienta, dejamos que las verduras se atemperen en un colador para que suelten el exceso de aceite o líquido que pudieran tener.

Añadimos a la mezcla de carne las verduras y el queso parmesano. Damos forma a las minihamburguesas; para ello, utilizamos unos 50 g de masa por unidad.

Cocinamos las minihamburguesas vuelta y vuelta en una sartén con aceite de oliva virgen extra.

Servimos con el pan, la rúcula, más queso parmesano y mostaza al gusto.

CONSEJOS

- Podéis utilizar las verduras que tengáis en casa y aprovechar aquellas que se os estén estropeando.

- Acompañadlas con patatas.

CONSERVACIÓN

- Podemos dejar las hamburguesas preparadas y darles un golpe de horno antes de servir.

COSTILLAS DE CERDO
CON SALSA BARBACOA CASERA

Yo no era de las que preparaba costillas en casa porque no les cogía el punto, pero desde que hice esta receta para el libro la hemos repetido muchas veces. Es ideal para un picoteo informal con amigos. Podéis servirlas ya cortadas, y con cogollos de lechuga para que cada invitado se haga su rollito. ¡Triunfaréis!

---

1 h y 30 min

para 4 personas

---

1 kg de costillas

1 tomate

1 zanahoria

½ cebolla

1 puerro pequeño

sal

pimienta

500 ml de agua

unos cogollos de lechuga, hierbabuena o menta y cebolla morada (opcional)

PARA LA SALSA BARBACOA

1 cucharadita de concentrado de tomate

2 cucharaditas de miel

½ cucharadita de ajo en polvo

½ cucharadita de cebolla en polvo

1 cucharadita colmada de pimentón ahumado

unas gotas de vinagre

1 y ½ cucharaditas de mostaza de Dijon

unas gotas de salsa de soja

1 chorrito de zumo de naranja

3 cucharadas de la salsa reducida de cocer las costillas

sal y pimienta

PASO A PASO

En una olla exprés, ponemos las costillas con el tomate, la zanahoria, la cebolla y el puerro, sal y pimienta y cubrimos con el agua. Cocemos durante 1 hora. Colamos el caldo resultante, el agua y el jugo de las costillas, y machacamos bien las verduras. Lo ponemos en un cazo y dejamos que hierva hasta que se reduzca y concentre.

Preparamos la salsa barbacoa mezclando todos los ingredientes. Probamos y rectificamos para hacerla a nuestro gusto.

Embadurnamos las costillas cocidas con la salsa barbacoa y las metemos en el horno durante 20 minutos a 200 °C hasta que estén bien doradas. Si vemos que se secan, podemos embadurnarlas con más salsa (barbacoa o la de las propias costillas).

Servimos las costillas troceadas con la salsa y en una fuente disponemos unos cogollos de lechuga, hierbabuena o menta y cebolla morada para que cada invitado se haga su rollito.

CONSEJOS

- Si no vais a cocinar las costillas y verduras en olla exprés, debéis tenerlas al menos el doble de tiempo y bien cubiertas siempre con agua o caldo. Cuando las saquéis, deben estar muy tiernas y el hueso ha de salir con facilidad.

- El horno es para terminar la cocción, glasear y dorar la salsa.

CONSERVACIÓN

- Las costillas se conservan cocidas 1-2 días, pero cuando las horneemos, debemos consumirlas si no se resecarán.

- Si sobran, podemos desmigar la carne y conservarla en un táper para hacer la receta de la página 40.

CIGARRITOS DE COSTILLA, MANZANA Y SETAS SHIITAKE CON SALSA DE MOSTAZA Y MIEL

Esta receta la preparé para aprovechar unos restos de costillas. Añadí manzana y setas para potenciar los sabores y tener más cantidad de relleno. Quedan muy crujientes sin necesidad de freírlos. Podéis acompañarlos con la propia salsa de las costillas o con esta de mostaza y miel que propongo.

40 min
para 12 rollitos - 6 personas

50 g de setas shiitake

aceite de oliva virgen extra

200 g de carne de costilla desmigada (véase receta de la página 39)

salsa de la carne de las costillas

50 g de manzana

2 láminas de masa filo

35 g de mantequilla

PARA LA SALSA

2 cucharadas de mostaza amarilla

1 cucharadita de miel

PASO A PASO

Lavamos las setas, las picamos muy pequeñitas y las salteamos a fuego fuerte con aceite hasta que estén doradas. Retiramos y reservamos.

En un bol, mezclamos la carne y la salsa que nos hayan sobrado del plato de la página 39 con la manzana muy picadita y las setas hasta lograr un relleno jugoso.

Extendemos las láminas de masa filo y las embadurnamos con mantequilla derretida. Ponemos una lámina encima de otra, las cortamos haciendo cuadrados de 10 cm de largo por 10 de ancho (saldrán unos 12), añadimos una cucharada de relleno encima de cada cuadrado y los enrollamos como si hiciéramos un canelón.

Horneamos los cigarritos a 180 °C con ventilador durante 12-15 minutos o hasta que estén dorados.

Para hacer la salsa, mezclamos la mostaza y la miel con unas varillas hasta integrar.

Servimos los cigarritos acompañados de la salsa.

CONSEJOS

- Añadimos salsa de la carne de las costillas hasta que el relleno quede muy jugoso para que no se seque al hornear.

- La masa que no usemos debe estar siempre tapada para que no se seque ni se deshidrate.

- Podemos hacer este plato con cualquier carne guisada que nos haya sobrado.

CONSERVACIÓN

- Los cigarritos se pueden congelar. En ese caso, los sacamos del congelador 10 minutos antes de hornearlos.

PIZZA EXPRÉS EN DOS VERSIONES

*Esta receta es una solución perfecta para cuando no tengáis masa preparada ni tiempo
para dejar fermentar una. Ni siquiera vais a necesitar horno. Se puede comer caliente o fría
y se puede preparar con los peques y que cada uno escoja los* toppings.

25 min

para 2 pizzas medianas
- 2 personas

PARA LA MASA DE LA PIZZA

150 g de harina de trigo
(la cantidad puede variar
en función de la marca)

1 yogur griego (125 g aprox.)

20 ml de aceite de oliva suave

½ de levadura química

sal y pimienta

PARA LOS *TOPPINGS* DE LA PIZZA CALIENTE

2 cucharadas de salsa
de tomate

1 cucharadita de orégano

mozzarella rallada al gusto

mozzarella fresca al gusto

1 tomate

pesto casero al gusto (véase
receta de la página 107)

queso parmesano al gusto

albahaca fresca al gusto

PARA LOS *TOPPINGS* DE LA PIZZA FRÍA

1 tomate

1 melocotón

jamón ibérico al gusto

1 bola de mozzarella fresca

albahaca fresca o rúcula

aceite de oliva virgen extra

sal y pimienta

PASO A PASO

En un bol mezclamos los ingredientes de la masa. Cuando estén integrados, pasamos la mezcla a una superficie enharinada y terminamos de amasar hasta obtener una masa lisa y que no se pegue a las manos. Si se pega y no podemos manejarla, añadimos más harina. Dejamos reposar 5 minutos en el bol, tapada. Dividimos la masa en dos porciones y las estiramos con el rodillo para que queden muy finitas.

En el caso de la pizza caliente: en una sartén caliente con aceite ponemos una de las porciones de masa y, cuando empiecen a salir burbujas, bajamos el fuego para que no se queme. Encima de la masa, añadimos salsa de tomate y orégano, queso mozzarella rallado y mozzarella fresca desmenuzada. Tapamos la sartén y esperamos a que los quesos se fundan. Cuando estén derretidos, retiramos la pizza de la sartén y ponemos encima tomate en rodajas, pesto, parmesano en lascas y albahaca fresca.

En el caso de la pizza fría: cocinamos la otra porción en una sartén caliente con aceite y, cuando empiecen a salir burbujas, esperamos 1 minuto a que se hinchen bien, le damos la vuelta y cocinamos por el otro lado 2 minutos. Retiramos de la sartén y añadimos el tomate en rodajas, el melocotón en gajos, jamón ibérico, mozzarella fresca desmenuzada y albahaca o rúcula. Aliñamos con aceite, sal y pimienta.

> ## CONSEJOS
>
> - Mientras no utilicemos la masa, debe estar tapada para que no se agriete.
>
> - En la página 18 encontraréis una receta de aprovechamiento para utilizar la masa que sobre.
>
> ## CONSERVACIÓN
>
> - En la nevera la masa aguanta 2 días envuelta en papel film.

TACOS DE SECRETO CON MAÍZ, CEBOLLA ENCURTIDA Y PIMIENTO VERDE

Los tacos son siempre una buena opción ya sea para un picoteo, una cena improvisada o un bufet. Esta versión es con secreto de cerdo y, aunque podéis acompañarlo con lo que más os guste, yo os sugiero maíz, cebolla encurtida y pimiento verde, que le va genial.

30 min
para 4 personas

20 g de cebolla morada

1 cucharadita de hierbas provenzales

un puñado de perejil fresco

3 cucharadas de aceite de oliva virgen extra

1 cucharada de vinagre

sal

300 g de secreto de cerdo

4 tortillas de maíz o trigo

PARA LA CEBOLLA ENCURTIDA

1 cebolla morada

200 ml de agua

200 ml de vinagre de vino o manzana

2 cucharaditas de sal

2 cucharaditas de azúcar moreno de caña integral sin refinar (opcional)

PARA LOS ACOMPAÑAMIENTOS

guacamole (véase receta de la página 31)

½ pimiento verde

1 mazorca de maíz dulce

unas gotas de salsa tabasco

PASO A PASO

Para hacer la cebolla encurtida, la cortamos en juliana y la ponemos en un frasco de cristal. En un cazo, calentamos el agua con el vinagre y diluimos la sal y el azúcar. Cuando esté bien caliente (no es necesario que hierva), vertemos la mezcla sobre la cebolla hasta cubrirla. Esperamos a que los líquidos se atemperen antes de cerrar el frasco y guardamos en la nevera. Veremos que en pocos minutos la cebolla coge un color más intenso.

En una picadora, trituramos la cebolla morada, las hierbas, el perejil, el aceite, el vinagre y la sal. Embadurnamos la carne con esta preparación y la dejamos reposar en la nevera mientras preparamos los acompañamientos. Hacemos el guacamole (página 31), picamos el pimiento y desgranamos la mazorca de maíz.

Marcamos la carne 2-3 minutos por cada lado a fuego fuerte.

Servimos la carne troceada sobre las tortillas con el maíz, el pimiento, el guacamole y la salsa tabasco.

CONSEJOS

- Además del guacamole de la página 31, también podemos acompañar estos tacos con los totopos de la página 31 o las quesadillas de la página 28.

- Si sobra salsa de hierbas y cebolla con la que hemos embadurnado el secreto, podemos añadírsela a los tacos.

CONSERVACIÓN

- Debemos preparar los tacos en el momento porque, si no, las tortillas se reblandecen.

BOCADITOS DE TARTA DE QUESO A MI MANERA

Las tartas de queso se han convertido en el postre de moda. Quería preparar mi propia versión y que, además, fuera posible servirla en porciones pequeñas para una cena informal con amigos. Para no hacer la clásica receta, mezclé dos quesos suaves, ricota y mascarpone, y el resultado fue brutal.

2 h

6 personas

- 200 g de queso crema
- 150 g de queso mascarpone
- 200 g de queso ricota
- 3 huevos
- 80 g de azúcar moreno de caña integral
- fresas o frutos rojos al gusto (opcional)

PASO A PASO

En un vaso batidor, ponemos los quesos, los huevos y el azúcar y trituramos hasta integrarlo todo bien y conseguir una masa sin grumos.

Forramos un molde cuadrado de 15 × 15 cm (o de 20 × 20 cm) con papel vegetal.

Vertemos la mezcla en el molde y horneamos a 180 °C con calor arriba y abajo y con ventilador durante 45-50 minutos hasta que la masa esté dorada y cuajada.

Dejamos que la tarta se enfríe y repose durante 1 hora para que coja textura y podamos cortarla en bocaditos sin que se rompa.

Servimos con fresas o frutos rojos.

CONSEJOS

- Es importante usar un molde con las medidas indicadas. Si el molde es más grande, es necesario duplicar cantidades.

- Si queremos un formato de tarta de queso tradicional y que no esté tan cuajada, entonces la dejamos menos tiempo en el horno y la servimos en platos con cuchara o tenedor.

- Ponemos el molde en la parte inferior del horno y si a media cocción vemos que se tuesta mucho, la tapamos para evitar que se queme.

- El reposo es muy importante para lograr la textura deseada; mínimo, 1 hora.

CONSERVACIÓN

- En la nevera esta receta aguanta 3 días.

COPAS DE SORBETE DE MANGO CON FRAMBUESAS, MENTA Y MANGO DESHIDRATADO

Cuando llega el calor, apetecen postres fresquitos, y este es perfecto porque tiene el punto ideal de dulzor, frescor y acidez. La combinación de mango y frambuesas me encanta, y le va genial la menta o hierbabuena. Se prepara en 10 minutos, por lo que es ideal para comidas improvisadas o de picoteo con amigos. ¡Les chiflará!

10 min

para 4 copas

600 g de mango congelado

el zumo y la ralladura de 2 limas

hojas de menta o hierbabuena fresca al gusto

mango deshidratado al gusto

8 frambuesas

PASO A PASO

En una procesadora con potencia suficiente, trituramos el mango congelado y troceado con el zumo y la ralladura de lima y unas hojas de menta o hierbabuena al gusto.

Servimos en copas con trozos de mango deshidratado y frambuesas por encima.

Decoramos con más hojas de menta o hierbabuena fresca.

CONSEJOS

- Cuando tengáis mangos muy maduros, no los tiréis. Peladlos, troceadlos y congeladlos para este tipo de recetas. Y si no tenéis, comprad bolsas de mango ya congelado.

- Si vuestra procesadora no tiene suficiente potencia, haced la receta poniendo un mango congelado y otro fresco, o añadid unas gotas de agua que ayudarán a triturar.

CONSERVACIÓN

- Se prepara en el momento de consumir. Si sobra, congelamos y sacamos unos minutos antes de consumir para que coja textura.

PARA UN BUFFET

RECETAS PARA CADA OCASIÓN

CARPACCIO DE CHAMPIÑONES PORTOBELLO CON VINAGRETA DE MANGO, GRANADA Y PISTACHOS

Con esta receta espero que os animéis a probar los champiñones en crudo. Os aseguro que os van a encantar, porque la vinagreta es deliciosa y el resto de los ingredientes casan muy bien. Me parece una guarnición muy original para servir en un bufet, ya que combina bien con cualquier proteína que incluyamos en la propuesta de menú.

20 min

para 2 personas

5 champiñones portobello grandes

¼ de granada

1 puñado de pistachos

1 puñado de rúcula

PARA LA VINAGRETA

½ mango

3 cucharadas de aceite de oliva virgen extra

1 cucharada de vinagre de vino blanco

sal

pimienta

PASO A PASO

Limpiamos los champiñones con un trapo húmedo y, con la ayuda de una mandolina, los laminamos.

Desgranamos la granada y picamos los pistachos.

En un procesador de alimentos, trituramos el mango con el aceite, el vinagre, sal y pimienta hasta obtener una salsa cremosa. Probamos y rectificamos.

Montamos el carpaccio colocando los champiñones de base en círculos concéntricos y repartimos por encima la granada, los pistachos y la rúcula.

Aliñamos con la vinagreta y servimos.

CONSEJOS

- Los champiñones portobello, para mi gusto, son más sabrosos.

- Si no tenéis mandolina, se pueden laminar con un cuchillo o podéis comprarlos ya laminados.

CONSERVACIÓN

- Se puede preparar la salsa con antelación y conservarla en un frasco de cristal en la nevera, pero os recomiendo que preparéis y emplatéis en el momento de servir y consumir para que los champiñones no se oxiden.

ENSALADA DE PASTA CON BREVAS, ANCHOAS Y BURRATA

En verano, una de las cosas que más apetece son las ensaladas de pasta fresquitas. Son ideales para llevar a la playa o a la oficina y comer un plato único, rico, sano y completo. Esta receta contiene de todo: el dulzor de las brevas, la salazón de las anchoas, la cremosidad de la burrata y el toque crujiente de las avellanas. La vinagreta de miel y vinagre de Módena le queda genial.

20 min

para 4 personas

---

250 g de pasta corta

sal

6 brevas

10 anchoas

1 burrata

30 g de avellanas tostadas
   y picadas

70 g de brotes tiernos

PARA LA VINAGRETA

4 cucharadas de aceite de oliva
   virgen extra

1 cucharada de vinagre
   de Módena

1 cucharada de miel

sal

pimienta

PASO A PASO

Cocemos la pasta en abundante agua con sal el tiempo que indique el fabricante en el paquete.

En un bol y con unas varillas, preparamos la vinagreta emulsionando el aceite, el vinagre, la miel, la sal y la pimienta. Probamos y rectificamos de lo que sea necesario para hacerla a nuestro gusto. Si queremos más vinagreta, duplicamos cantidades.

Cuando la pasta esté a temperatura ambiente, la mezclamos con el resto de los ingredientes troceados y aliñamos con la vinagreta.

CONSEJOS

- Os recomiendo que mezcléis y aliñéis en el momento de consumir porque, si no, los brotes se quedarán mustios.

- Desmenuzad la burrata para que se funda con la pasta y aporte cremosidad al plato.

CONSERVACIÓN

- Si conserváis la pasta en la nevera en un recipiente de cristal con un poco de aceite de oliva virgen extra y sin mezclar con el resto de los ingredientes, aguanta 3-4 días sin problema.

- Si os la lleváis al trabajo, colocad siempre los ingredientes húmedos en el fondo y los más secos arriba (brotes) y llevad la vinagreta aparte, en un frasco de cristal, para poder emulsionar y aderezar en el momento de consumir.

ENSALADA DE ESPINACAS BABY, ALCACHOFAS, JAMÓN CRUJIENTE, NUECES Y QUESO DE OVEJA

Cuando llega la temporada de alcachofas preparo feliz con ellas muchas recetas diferentes.
Es la guarnición perfecta para cualquier proteína. Merece la pena dedicar unos minutos a limpiarlas.

25 min
para 2 personas

el zumo de 1 limón
4 alcachofas frescas
sal
aceite de oliva virgen extra
3 lonchas de jamón serrano
100 g de espinacas baby
1 puñado de nueces
lascas de queso de oveja
    curado al gusto

CONSEJOS

- Podemos usar alcachofas en conserva y saltearlas con aceite de oliva virgen extra, pero para mi gusto queda más rica si son frescas.

- Podemos preparar el jamón en el horno a 180 °C durante 10-15 minutos hasta que se deshidrate. El tiempo puede variar en función del horno y del grosor de las lonchas.

PASO A PASO

Paso previo: preparamos un bol con agua y zumo de limón donde meteremos las alcachofas que iremos limpiando para que no se oxiden.

Empezamos quitando las hojas del tallo de la alcachofa y de las capas más externas hasta llegar a una blandita. Pelamos el tallo, cortamos el extremo inferior y la «cabeza» de las alcachofas y nos quedamos con el corazón. Con una puntilla, limpiamos la zona intermedia entre el tallo y el cuerpo de las alcachofas. Cortamos por la mitad a lo largo y quitamos los pelitos de dentro. Conservamos en el agua con limón.

En una cazuela con agua y sal, cocemos las alcachofas durante 10 minutos. A continuación, las doramos en una sartén a fuego fuerte con aceite de oliva virgen extra y sal. Retiramos y reservamos.

En un plato colocamos las lonchas de jamón entre dos papeles de cocina y las introducimos en el microondas 30 segundos a máxima potencia. Si no se han deshidratado bien, repetimos la operación. Dejamos que se enfríen y se endurezcan y las rompemos en trozos.

Montamos la ensalada poniendo una base de espinacas, encima las alcachofas y las nueces troceadas, aliñamos con aceite de oliva virgen extra, sal y unas gotas de zumo de limón, y decoramos con unas lascas de queso de oveja y el jamón crujiente.

CONSERVACIÓN

- En la nevera las alcachofas aguantan cocinadas 2-3 días en un táper. La ensalada se debe montar cuando la vayamos a consumir.

CREMA FRÍA DE PUERROS, UVAS Y ALMENDRAS

No era especialmente fan de la vichyssoise hasta que me animé a preparar esta receta mucho más ligera que la versión tradicional y con el punto dulce que le aportan las uvas. Mi hijo Pedro fue el primero en probarla y le encantó. Es perfecta para servir en vasitos en un bufet de verano.

25 min
para 4 personas

3 puerros (300 g aprox.)

aceite de oliva virgen extra

1 pizca de sal

1 patata mediana
   (100 g aprox.)

200 g de uvas verdes sin pepitas

25 g de almendras crudas

pimienta

almendras tostadas laminadas
   al gusto

PASO A PASO

En una cazuela con aceite de oliva virgen extra, pochamos a fuego medio los puerros picados con una pizca de sal. Cuando cojan algo de color, añadimos la patata troceada, cubrimos con agua y cocemos sin tapa 10-12 minutos hasta que la patata esté tierna.

En una procesadora, ponemos la preparación junto con las uvas y las almendras crudas, y trituramos durante 2 minutos a máxima potencia. Probamos y rectificamos de sal y pimienta.

Dejamos que se enfríe y servimos con las almendras laminadas y uvas troceadas por encima.

CONSEJOS

- Si vuestra procesadora no tiene mucha potencia, podéis omitir las almendras crudas y añadir simplemente las laminadas y tostadas cuando emplatéis. En ese caso debéis añadir menos agua al triturar.

- Es una crema perfecta para servir como primer plato o en vasitos de aperitivo en una comida o cena de verano.

CONSERVACIÓN

- En la nevera la crema aguanta 3 días sin problema.

CREMA DE CALABACÍN, QUESO FETA Y ALBAHACA

Me chifla la crema de calabacín, pero quería darle un punto diferente, así que probé a añadirle albahaca fresca y un poco de feta, y fue todo un acierto. Se ha convertido en un básico en casa. Como se puede tomar fría o caliente, la sirvo tanto de entrante para una cena como en vasitos para un bufet.

25 min

para 2 personas

1 puerro

½ cebolla

aceite de oliva virgen extra

1 pizca de sal

1 calabacín

1 trozo de queso feta

1 puñado de albahaca fresca

pimienta

PASO A PASO

En una cazuela con aceite de oliva virgen extra, pochamos el puerro y la cebolla con una pizca de sal. Añadimos el calabacín pelado y troceado y lo pochamos 5 minutos más con el puerro y la cebolla. Cubrimos con agua y dejamos que hierva a fuego medio 5-7 minutos hasta que el calabacín esté blandito.

Apagamos el fuego y agregamos el queso feta y la albahaca. Trituramos, probamos y rectificamos de sal y pimienta.

Servimos con un chorrito de aceite de oliva virgen extra, y si se quiere, con un poco más de queso feta desmenuzado por encima para decorar.

CONSEJOS

- No debemos añadir mucha sal a la crema; el queso ya aporta salazón.

CONSERVACIÓN

- En la nevera la crema aguanta 3 días en un recipiente de cristal.

PASTEL DE PUERROS Y TRIGUEROS CON PANCETA Y SETAS

Las quiches suelen ser un plato muy recurrente en todas las casas. Esta versión no incluye masa, por lo que es más ligera y sencilla, y se puede preparar tanto para una comida tipo bufet como para una cena fácil entre semana. Podéis incluir las verduras que más os gusten.

50 min
para 4 personas

100 g de panceta

200 g de setas de ostra

250 g de espárragos trigueros

aceite de oliva virgen extra

150 g de puerros

3 huevos

200 ml de nata para cocinar

100 g de queso emmental
    o gruyer

sal

pimienta

PASO A PASO

Cortamos la panceta en tiras y, en una sartén sin aceite, la cocinamos hasta que se dore. Retiramos y reservamos.

Limpiamos las setas con un papel de cocina húmedo y las cortamos en trozos no muy grandes.

Reservamos 3-4 espárragos enteros para decorar, cortamos el resto en trozos pequeños y los salteamos con las setas a fuego fuerte en la misma sartén en la que hemos cocinado la panceta aprovechando la grasa que ha soltado. Retiramos y reservamos.

En la misma sartén, ponemos un poco más de aceite, pochamos durante 5-7 minutos el puerro picado a fuego bajo con una cucharada de agua y tapamos. Retiramos y reservamos con el resto de los ingredientes del relleno.

Mientras la verdura se atempera, batimos en un bol los huevos, la nata, el queso, sal y pimienta, y lo mezclamos con las verduras.

Pasamos toda la mezcla a un molde rectangular de 25 cm forrado con papel vegetal, decoramos con los espárragos que habíamos reservado y horneamos a 180 °C con ventilador durante 40 minutos.

Cuando el pastel esté tibio, desmoldamos y servimos acompañado de una ensalada.

CONSEJOS

- Si vais a servir el pastel en un bufet, hacedlo en una fuente y en porciones para que cada invitado se sirva directamente.

- Poned el puerro en un colador y quitadle el exceso de agua que pudiera tener para evitar que el pastel quede demasiado húmedo.

CONSERVACIÓN

- En la nevera, bien tapado, el pastel aguanta 1-2 días.

EL *ROAST BEEF* DE MI MADRE

Este es un plato que suele hacer mi madre cuando tiene una comida o cena en casa con mucha gente.
Es perfecto para un bufet, está delicioso y podemos dejarlo preparado la noche anterior.

40 min
para 6 personas

---

una pieza de lomo alto
    de ternera de 1,5 kg

sal

pimienta

1 cucharadita de mostaza
    de Dijon

aceite de oliva virgen extra

PARA LA SALSA

1 cebolla grande

2 zanahorias

1 tomate

200 ml de vino blanco

1 l de caldo de pollo,
    carne o verduras

PARA LA GUARNICIÓN

18 patatitas

9 zanahorias

9 chalotas

100 g de rúcula

el zumo de 1 limón

aceite de oliva virgen extra

sal

pimienta

PASO A PASO

Salpimentamos y embadurnamos la carne con mostaza. En una cazuela con aceite, la sellamos a fuego fuerte durante 2 minutos. Retiramos y reservamos.

En la misma cazuela, preparamos la salsa. Para ello, doramos las verduras troceadas. Desglasamos con el vino, removiendo el fondo, y añadimos el caldo. Cuando rompa a hervir, desespumamos y dejamos cocer a fuego lento 20 minutos. Colamos la salsa y reservamos.

Mientras tanto, preparamos la guarnición. Cocemos las patatas y las zanahorias al dente. Pelamos las chalotas.

En el horno con ventilador, metemos la carne en una fuente a 180 °C junto con las chalotas, las patatas y las zanahorias cocidas. A los 22-25 minutos retiramos la carne, la dejamos reposar y continuamos cocinando las verduras unos minutos más hasta que estén doradas y, al pincharlas con un cuchillo, este salga con facilidad.

Cortamos la carne y la servimos con la guarnición, rúcula aderezada con zumo de limón, aceite, sal y la salsa caliente.

CONSEJOS

- El punto de la carne dependerá del tiempo de horno. Calculad unos 15 minutos por kilo. Antes de empezar a cocinar, sacamos la carne de la nevera para que se vaya atemperando.

CONSERVACIÓN

- Si queremos prepararlo la noche anterior, dejamos la carne marcada, la guardamos en la nevera y, al día siguiente, la horneamos.

- Si sobra, podemos hacer sándwiches de *roast beef* con rúcula y mostaza.

PAVO ASADO CON CIRUELAS, OREJONES Y BIMI

Una receta sencillísima para la que solo vais a necesitar un buen pavo, algunos ingredientes más y paciencia con el tiempo de horneado. Me lo imagino en una mesa de bufet de Navidad para una gran familia a la que no le apetece complicarse y quiere comer rico.

depende del tamaño del pavo,
unos 30 minutos por kilo

para 15 personas

1 pavo de 7 kg
aceite de oliva virgen extra
sal
pimienta
1 naranja
1 limón
hierbas aromáticas como
    tomillo y romero al gusto
1 manojo de bimi

PARA LA GUARNICIÓN
350 g de ciruelas sin hueso
400 g de orejones
1 cebolla
el zumo de 1 naranja
el zumo de 1 limón
500 ml de caldo de pollo
100 ml de vino blanco
tomillo o romero al gusto

PASO A PASO

Embadurnamos el pavo con el aceite, lo salpimentamos y lo rellenamos con una naranja y un limón cortados por la mitad y las hierbas aromáticas. Lo bridamos y lo colocamos sobre una rejilla de horno.

Para la guarnición, en una bandeja de horno colocamos las ciruelas, los orejones, la cebolla troceada, el zumo de limón y naranja, el caldo de pollo, el vino blanco y el tomillo o romero.

Colocamos la rejilla con el pavo en el horno y, debajo, la bandeja con la guarnición. El pavo irá soltando su propia grasa en la bandeja de la guarnición. Horneamos a 180 °C durante 3 horas y media. Cada hora abrimos y regamos el pavo con la salsa que se irá formando. Si se tuesta demasiado, bajamos la temperatura a 160 °C o lo tapamos con un poco de papel de aluminio. Subimos a 200 °C los últimos 10 minutos para tostar la piel.

Salteamos un manojo de bimi en una sartén a fuego fuerte con aceite. Dejamos reposar el pavo, colamos la salsa y la ponemos en un cazo para reducirla un poco más. Servimos pavo, salsa, guarnición y bimi.

CONSEJOS
- Para saber si está listo, introducimos un cuchillo en el muslo y, si sale un poco de jugo con sangre, debemos continuar cocinando.

CONSERVACIÓN
- En la nevera este plato aguanta 2-3 días.

- Despiezad lo que sobre y haced recetas de aprovechamiento (ver la página 40). Podéis dejarlo hecho la noche anterior y darle un golpe de calor en el horno.

SALMÓN MARINADO EN REMOLACHA CON BLINIS CASEROS Y SALSA DE MOSTAZA, ENELDO Y MIEL

Con esta receta sorprenderéis a vuestros invitados porque está muy rica, es bonita y original, la excusa perfecta para montar una tabla variada con encurtidos y cositas de picoteo.

1 h (no incluye el tiempo
   de reposo del salmón
   marinado en la nevera)
para 4 personas

1 remolacha cocida

ralladura de cítricos (1 naranja,
   1 limón y 1 lima)

1 cucharada de azúcar

1 cucharada de sal

eneldo al gusto

1 lomo de salmón limpio,
   sin espinas y sin piel
   (unos 250 g aprox.)

PARA LOS BLINIS

1 huevo

90 g de harina de trigo

35 g de harina integral

½ sobre de levadura química

175 ml de leche

1 pizca de sal

aceite de oliva virgen extra

PARA LA SALSA

2 cucharadas de mostaza dulce

1 cucharada de miel

eneldo fresco picado al gusto

PASO A PASO

Con la minipimer, trituramos la remolacha, la ralladura de cítricos, el azúcar, la sal y el eneldo. Ponemos un poco de jugo de la remolacha cocida o una cucharada sopera de agua. Vertemos parte de la mezcla triturada en la base de un táper, colocamos el salmón sin piel ni espinas encima y cubrimos con el resto de la mezcla. Tapamos y dejamos reposar en la nevera al menos 2 horas.

Para la masa de los blinis, ponemos en un vaso batidor el huevo, las harinas, la levadura, la leche y la sal. Trituramos y reservamos en la nevera. Calentamos una sartén con aceite y añadimos una cucharadita de masa de los blinis. Cuando empiecen a salir burbujas, los cocinamos por el otro lado. Repetimos este paso hasta terminar la masa.

Para la salsa mezclamos los ingredientes, probamos y rectificamos de lo que sea necesario.

Servimos el salmón marinado con los blinis y lo acompañamos de la salsa y algunos encurtidos (pepinillos, cebolla morada, cebolletas, alcaparras) y huevo cocido muy picado.

CONSEJOS

- Pedidle al pescadero la parte de la cola del salmón.
- Para que los blinis os queden todos del mismo tamaño, podéis poner la masa en un biberón.

CONSERVACIÓN

- En la nevera el salmón aguanta 4-5 semanas bien tapado y los blinis cocinados, 2 días. También se pueden congelar.

EL SALPICÓN DE LANGOSTINOS DE MI ABUELA

Cada Navidad mi abuela prepara esta receta que nos encanta a todos. Es un salpicón muy fácil, pero supersabroso y al alcance de todos los bolsillos. Hace unos años compartí la receta en mi cuenta de Instagram y tuvo muchísimo éxito, así que me ha parecido buena idea incluirla en el libro para que llegue todavía a más gente.

35 min

para 4 personas

500 g de langostinos cocidos

½ cebolla

100-150 g de aceitunas tipo manzanilla

perejil fresco al gusto

PARA LA VINAGRETA

3 huevos

100 ml de aceite de oliva virgen extra

50-60 ml de vinagre de vino blanco

sal

PASO A PASO

Cocemos los huevos durante 12-13 minutos, los pelamos, los picamos y reservamos.

Mientras se cuecen los huevos, pelamos los langostinos, picamos la cebolla muy finamente, las aceitunas y el perejil fresco, y lo reservamos todo en un bol.

Preparamos la vinagreta poniendo en un bol el aceite de oliva virgen extra, el vinagre, la sal y los huevos cocidos picados y, con la ayuda de unas varillas, mezclamos y emulsionamos bien hasta lograr una vinagreta espesa.

Añadimos la vinagreta al bol de los langostinos, mezclamos, probamos y rectificamos de lo que sea necesario. Si nos hemos quedado cortos de vinagreta, hacemos un poquito más.

CONSEJOS

- Si los langostinos son muy grandes, podemos trocearlos un poco.

- Podéis ajustar las cantidades de la vinagreta a vuestro gusto. Es clave que el plato tenga salsita y un toque avinagrado.

CONSERVACIÓN

- En la nevera el salpicón aguanta 2 días en un táper de cristal.

PIMIENTOS DEL PIQUILLO RELLENOS DE LANGOSTINOS Y SETAS

Me encantan los pimientos del piquillo y recurro a ellos para preparar recetas de aprovechamiento cuando tengo sobras de pescado o carne.

45 min

para 4 personas

12 pimientos del piquillo

PARA EL CALDO

aceite de oliva virgen extra

1 diente de ajo

cabezas y cáscaras de los langostinos

2 cucharadas de tomate triturado

sal

PARA EL RELLENO

aceite de oliva virgen extra

1 diente de ajo

100 g de champiñones portobello

100 g de setas

250 g de langostinos o gambas

perejil fresco al gusto

PARA LA BECHAMEL

40 g de aceite de oliva

40 g de harina integral

400 ml de leche

100 ml de caldo

PASO A PASO

Paso previo: preparamos un caldo con las cabezas y cáscaras de los langostinos; en una cazuela ponemos aceite de oliva virgen extra, el ajo, las cabezas y cuerpos de los langostinos y, cuando hayan cogido color, añadimos dos cucharadas de tomate triturado. Cocinamos todo junto un par de minutos, cubrimos con agua, añadimos sal y, cuando rompa a hervir, desespumamos y dejamos que cueza a fuego medio 20 minutos. Colamos y reservamos.

Preparamos el relleno en una sartén con aceite de oliva: doramos el ajo, los champiñones y las setas muy picados y los salteamos 2-3 minutos. Incorporamos los langostinos pelados y picados y perejil fresco picado y cocinamos 2 minutos. Retiramos y reservamos.

Hacemos la bechamel (véase receta de la página 72) y agregamos 100 ml del caldo que hemos preparado para darle sabor y textura (o 100 ml de caldo de pescado o verduras). Si hay trozos muy gruesos de setas o langostinos, podemos picarlos.

Mezclamos el relleno con 200 g de bechamel hasta lograr una mezcla con textura cremosa. Preparamos la salsa triturando la bechamel que ha sobrado con dos pimientos.

Rellenamos los pimientos y servimos con la salsa.

CONSEJOS

- Podemos rellenar los pimientos con lo que más nos guste. También son perfectos para llevar a la oficina.

CONSERVACIÓN

- En la nevera los pimientos aguantan 2-3 días. Se pueden congelar en porciones individuales y también el caldo que hemos preparado y utilizarlo en otras recetas (véase el arroz de la página 150 o la fideuá de la página 158).

MINIMILHOJAS DE CREMA PASTELERA CON HIGOS

Los milhojas siempre triunfan. Para un bufet o picoteo, los preparo en formato individual.

2 h

para 4 unidades

1 lámina de hojaldre
   de mantequilla

1 cucharadita de azúcar glas

4 higos o brevas

PARA LA CREMA PASTELERA

500 ml de leche

100 g de azúcar

1 vaina de vainilla

90 g de yemas de huevo

45 g de maicena

1 cucharadita de crema
   de pistachos (opcional)

CONSEJOS

- Si cortamos el hojaldre en rectángulos antes de hornear nos saldrán todos prácticamente iguales de tamaño.

- Antes de poner la crema en la manga, hay que darle un golpe de varillas para alisarla.

PASO A PASO

Extendemos la lámina de hojaldre en una bandeja de horno, la pinchamos, espolvoreamos azúcar glas por encima y la horneamos a 200 °C durante 15 minutos hasta que empiece a dorarse y crecer. Abrimos el horno y ponemos encima un papel vegetal y otra bandeja que aplaste la masa para que quede finita y crujiente. Continuamos horneando otros 15 minutos. Con un cuchillo, cortamos la masa en rectángulos de 7,5 cm de ancho por 10 de largo.

Mientras el hojaldre se hornea, preparamos la crema pastelera. Calentamos la leche, la mitad del azúcar y la pasta de la vainilla, y en un bol, con la ayuda de unas varillas, mezclamos las yemas con el resto del azúcar y la maicena. Vertemos la leche infusionada sobre las yemas y removemos rápidamente para evitar que se cuaje. Pasamos la mezcla a otro cazo y cocinamos a fuego lento removiendo con las varillas hasta que espese. Cuando comience a hervir, esperamos 15 segundos y retiramos del fuego. Si queremos, añadimos la crema de pistacho y mezclamos hasta integrarla.

Pasamos la crema a un bol y la tapamos con papel film. Cuando se haya atemperado, la ponemos en la nevera para que enfríe.

Pasamos la crema a una manga y montamos los milhojas poniendo un rectángulo de hojaldre, crema, otro hojaldre, crema, y terminamos con otra capa de hojaldre, algo más de crema y los higos troceados sobre esa crema para que no se muevan.

CONSERVACIÓN

- Los conservamos en la nevera hasta el momento de consumir. Podemos dejar adelantada la crema y el hojaldre cocido para solo tener que montar cuando lo vayamos a servir.

- El hojaldre cocinado aguanta fuera de la nevera (sin mucha humedad) 2-3 días; la crema siempre en la nevera.

TARTA DE MASA FILO
CON CREMA DE LIMÓN Y PISTACHOS

*Buscando inspiración para recetas dulces, me encontré con una tarta hecha con masa filo
y crema pastelera. En mi afán por hacer siempre versiones nuevas, decidí prepararla con una crema
de lima-limón y ponerle pistachos. La cociné con mis sobrinas, y les encantó. Desde entonces,
la he repetido varias veces porque está muy rica y es muy fácil de hacer.*

1 hora
para 1 tarta - 6 personas

50 g de mantequilla

1 paquete de láminas
de masa filo

1 puñado de pistachos

ralladura de lima al gusto

PARA LA CREMA

3 huevos

200 ml de leche

50 ml de nata

100 ml de zumo de limón

90 g de azúcar moreno
de caña integral

PASO A PASO

Derretimos la mantequilla y, con un pincel, embadurnamos una lámina de masa filo. Cogemos la lámina y la doblamos haciendo pliegues como si fuera un acordeón. Repetimos la operación con el resto de las láminas.

Forramos la base de un molde de 18 cm de diámetro con papel vegetal y embadurnamos los bordes con mantequilla. Vamos colocando las láminas plegadas dentro del molde, de fuera hacia dentro, hasta rellenarlo por completo. Horneamos a 180 °C con ventilador durante 15-20 minutos hasta que empiece a dorarse.

En un bol, batimos los huevos con la leche, la nata, el zumo de lima y limón y el azúcar.

Sacamos del horno la tarta y, con la ayuda de un cucharón, vertemos la crema para que se vaya colando por los huecos que se han formado con los pliegues de la masa filo. Volvemos a meterla en el horno otros 25-30 minutos hasta que la masa esté dorada y la crema cuajada.

Retiramos, enfriamos y servimos con pistachos picados y ralladura de lima.

CONSEJOS

- Tapamos las láminas de masa filo que no estemos usando para que no se sequen ni se rompan.

- Dejamos que la tarta se atempere un poco para que la crema coja consistencia.

CONSERVACIÓN

- En la nevera la tarta aguanta 2 días, pero mejor consumirla en el día para que esté crujiente por fuera y blandita por dentro.

PARA LLEVAR A LA OFICINA

RECETAS PARA CADA OCASIÓN

ENSALADA DE CUSCÚS CON CALABACÍN, QUESO FETA Y VINAGRETA DE LIMÓN Y ORÉGANO

El cuscús se ha convertido en mi mejor aliado. Se cocina en pocos minutos y bien aliñado y combinado puede ser delicioso. Esta ensalada fresquita es perfecta como primer plato o guarnición.

15 min

para 4 personas

---

caldo de verduras o pollo (la misma cantidad que de cuscús, o la que te indique el fabricante en el paquete)

150 g de cuscús

aceite de oliva virgen extra

2 tomates

1 aguacate

50 g de cebolla morada

200 g de queso feta

200 g de calabacín

100 g de aceitunas kalamata o de Aragón

PARA LA VINAGRETA

5 cucharadas de aceite de oliva virgen extra

el zumo de 1 limón

orégano al gusto

sal

pimienta

PASO A PASO

En una cazuela, ponemos a calentar el caldo y, cuando rompa a hervir, apagamos el fuego, añadimos el cuscús, tapamos y esperamos unos minutos a que el cereal haya absorbido todo el líquido. Regamos con un hilo de aceite de oliva virgen extra, removemos y pasamos a un recipiente para que se atempere.

Cortamos los tomates, el aguacate y la cebolla morada en trozos pequeños y el queso feta en dados no muy grandes.

En una sartén con aceite de oliva virgen extra, salteamos a fuego fuerte el calabacín, cortado en dados no muy grandes, hasta que esté bien dorado. Pasamos a un plato y esperamos a que se atempere.

Preparamos la vinagreta emulsionando los ingredientes.

Mezclamos el cuscús con las verduras, el queso y las aceitunas, y aliñamos con la vinagreta cuando vayamos a servir.

CONSEJOS

- Os recomiendo que cozáis el cuscús con caldo o unas gotas de zumo de limón o salsa de soja; así queda más gustoso.

- Si os la lleváis a la oficina, emulsionad el aliño en un frasco de cristal. Agitad bien y verter en el momento de consumir.

CONSERVACIÓN

- En la nevera aguanta 2-3 días pero no lo aliñéis todo para que no se empape en exceso.

ENSALADA DE GARBANZOS CRUJIENTES CON MI VERSIÓN DE LA SALSA CÉSAR

Esta ensalada se ha convertido en una de mis preferidas para llevar a la oficina porque es completa, muy sabrosa y equilibrada. Además, la hago con una versión de la salsa César que me encanta.

45 min (incluye el tiempo
   de horneado)
para 4 personas

---

100 g de garbanzos cocidos

aceite de oliva virgen extra

sal y pimienta

1 cucharadita de curri en polvo

1 cucharadita de pimentón
   de la Vera

1 cucharadita de orégano
   en polvo

1 lechuga romana

1 manzana

1 puñado de pipas de girasol

50 g de arándanos
   deshidratados

PARA LA SALSA

110 ml de aceite de oliva suave

1 huevo

unas gotas de vinagre de vino
   blanco

1 cucharadita de mostaza de
   Dijon

4 anchoas

½ diente de ajo pequeño

40 g de queso parmesano

sal

PASO A PASO

En un bol, mezclamos los garbanzos cocidos con abundante aceite, sal, pimienta, curri, pimentón y orégano. Los pasamos a una bandeja de horno forrada con papel vegetal y horneamos a 180 °C durante 35-40 minutos o hasta que estén crujientes.

Para preparar la salsa César, ponemos el aceite, el huevo, el vinagre y la mostaza en un vaso batidor, introducimos el brazo de la batidora hasta el fondo y batimos de arriba hacia abajo, emulsionando despacito con la minipimer hasta que se forme una mayonesa. Añadimos las anchoas, el ajo y el parmesano, y trituramos. Probamos y rectificamos de sal.

Montamos la ensalada con la lechuga lavada y picada, la manzana troceada, las pipas, los arándanos, los garbanzos y la salsa.

CONSEJOS

- Es importante abrir el horno un par de veces durante la cocción para remover y que los garbanzos no «exploten».

- Podemos preparar más cantidad de garbanzos y utilizarlos como *topping* de cremas de verduras.

CONSERVACIÓN

- Para llevar a la oficina, montamos ensalada en un frasco de cristal. Colocamos los ingredientes de más a menos húmedos. Llevamos la salsa en otro recipiente y aliñamos cuando vayamos a consumir.

GUISO DE GARBANZOS CON SETAS Y TOMILLO

Los garbanzos son mi legumbre favorita, así que estoy constantemente preparando recetas nuevas con ellos. Este guiso es impresionante y perfecto para hacer una comida en la oficina más llevadera en invierno.

40 min
para 4 personas

½ cebolla
aceite de oliva virgen extra
sal
100 g de setas de ostra
100 g de setas shiitake
100 g de champiñones
1 l de caldo de pollo
unas ramas de tomillo fresco
pimienta
400 g de garbanzos cocidos

PASO A PASO

Picamos la cebolla y la pochamos en una cazuela con aceite de oliva virgen extra y sal hasta que empiece a coger color.

Limpiamos las setas y los champiñones con un papel de cocina húmedo, los troceamos y los incorporamos a la cazuela. Subimos el fuego y doramos todo durante 2-3 minutos removiendo constantemente.

Cubrimos con el caldo, añadimos el tomillo, la sal y la pimienta y dejamos que cueza todo a fuego medio sin tapar durante 10 minutos.

Incorporamos los garbanzos cocidos, mezclamos y cocinamos 1-2 minutos para que se integren los sabores. Probamos y rectificamos de lo que sea necesario.

CONSEJOS

- Para espesar el guiso podemos triturar un cazo de garbanzos cocidos con un poco de caldo de cocción y luego añadirlo a la cazuela.

CONSERVACIÓN

- De un día para otro el guiso gana textura, por lo que es perfecto para preparar la noche anterior y llevarlo a la oficina.

CREMA DE COLIFLOR Y MANZANA

La crema de coliflor es una de mis favoritas. En esta ocasión, para variar de la clásica receta, añadí un poco de manzana, y le va genial. Para hacerlas más completas, siempre incluyo toppings en mis cremas. Esta lleva un poco de granola casera, y no sabéis qué rica está: dulce y crujiente.

35 min

para 2 personas

1 puerro

aceite de oliva virgen extra

sal

pimienta

200 g de coliflor

1 y ½ manzanas

granola casera al gusto (véase receta en la página 202)

PASO A PASO

En una cazuela con aceite de oliva virgen extra, pochamos el puerro a fuego medio con sal y pimienta.

Cuando tengamos el puerro muy pochadito, añadimos la coliflor y la manzana pelada y troceada. Rehogamos todo junto 5-7 minutos hasta que esté muy blandito. Cubrimos con agua y dejamos que se cueza a fuego medio 5-10 minutos hasta que la verdura esté tierna.

Trituramos, probamos y rectificamos de lo que sea necesario.

Servimos con la granola y un chorrito de aceite de oliva virgen extra.

CONSEJOS

- Podemos probar con pera si no tenemos manzana.

- Si la llevamos a la oficina, es mejor transportar la crema en un recipiente y la granola en otro para que no se humedezca.

CONSERVACIÓN

- En la nevera la crema aguanta 1-2 días.

- Si la congelamos, es recomendable que cuando la vayamos a consumir le demos un hervor y un golpe de minipimer para emulsionar y regenerar su textura.

GAZPACHO DE FRUTOS ROJOS Y REMOLACHA

En verano, creo que somos muchos los que podríamos vivir a base de gazpacho. En mi caso, para no cansarme, voy preparando diferentes combinaciones a las que suelo añadir frutas de temporada. Esta versión con frutos rojos congelados y remolacha cocida para rebajar la acidez está muy rica.

10 min

para 4 personas

3 tomates pera maduros

120 g de remolacha cocida

200 g de frutos rojos congelados (fresas, frambuesas, arándanos, grosellas, moras…)

15 g de cebolleta

15 g de pimiento rojo

40 ml de aceite de oliva virgen extra

10 ml de vinagre de vino blanco

sal

PASO A PASO

En una procesadora, ponemos todos los ingredientes troceados, salvo el vinagre, y trituramos a máxima potencia durante 2-3 minutos. Añadimos vinagre al gusto. Colamos para retirar las pieles de los tomates y los frutos rojos. Probamos y rectificamos de sal.

Servimos bien frío con nuestros *toppings* favoritos.

CONSEJOS

- Las bolsas de frutos rojos congelados son perfectas para esta receta, pero también para hacer batidos y helados caseros.

- Ajustamos la cantidad de remolacha en función de lo dulce que queramos que sea el gazpacho.

CONSERVACIÓN

- En la nevera el gazpacho aguanta 2 días.

- De un día para otro es normal que se agüe un poco por efecto de la descongelación de los frutos rojos. Le damos un golpe de minipimer con un poquito de aceite de oliva virgen extra para emulsionar y servimos.

CREMA DE CALABAZA Y AJOS ASADOS CON ACEITE DE CANELA Y PICATOSTES CASEROS ESPECIADOS

Hay mil y una recetas de crema de calabaza, pero esta versión es diferente por unos pequeños detalles. Los ajos asados le dan mucho sabor y lleva un aceite de canela que aporta un aroma brutal. Para hacerla más completa, la acompañé de picatostes caseros. Querréis tomarla cada noche de otoño.

40 min (incluye el tiempo
   de horneado)
para 4 personas

500 g de calabaza
aceite de oliva virgen extra
sal
½ cabeza de ajos
½ cebolla
2-3 rebanadas de pan del tipo
   que queráis
1 cucharadita de orégano
   en polvo
1 cucharadita de pimentón
   de la Vera
pimienta

PARA EL ACEITE DE CANELA
3 cucharadas de aceite de oliva
   virgen extra
sal
1 cucharadita de canela
   en polvo

PASO A PASO

Cortamos la calabaza por la mitad, la embadurnamos con aceite de oliva virgen extra y sal, y la ponemos, junto con los ajos y la cebolla, en una bandeja de horno forrada con papel vegetal.

Cortamos las rebanadas de pan en dados no muy grandes, los impregnamos con aceite de oliva virgen extra, orégano, pimentón, sal y pimienta, y los colocamos en la misma bandeja. Los horneamos a 180 °C con ventilador y a los 15-20 minutos, si están dorados y crujientes, retiramos los picatostes y continuamos asando las verduras 15-20 minutos hasta que las pinchemos y estén blanditas.

Mientras tanto, preparamos el aceite de canela. En un bol mezclamos los ingredientes. Probamos y rectificamos.

Una vez asada, con la ayuda de una cuchara retiramos la carne de la calabaza y desechamos la piel, y estrujamos los dientes de ajo para sacar la carne.

En una procesadora, trituramos a máxima potencia durante 2 minutos la calabaza, la mitad de los ajos, la cebolla y agua o caldo que pondremos hasta cubrir las verduras. Probamos y rectificamos si queremos más ajo, sal o pimienta.

Servimos la crema con los picatostes y el aceite de canela.

CONSEJOS
- Al triturar, añadid los ajos asados poco a poco para ajustar su sabor intenso al paladar, y el agua o caldo con cuidado hasta lograr la textura deseada.

CONSERVACIÓN
- En la nevera la crema aguanta 2-3 días en un táper de cristal y los picatostes, 5 días en un frasco en la despensa.

«RAVIOLIS» DE CALABACÍN RELLENOS DE RICOTA Y ESPINACAS

Una opción estupenda para aquellos que quieran tomar un plato vegetal original, sabroso y diferente. Podemos rellenar los «raviolis» con lo que más nos guste, pero la mezcla de ricota y espinacas es infalible.

40 min

para 2 personas

---

1 cebolla pequeña
(½ para la salsa de tomate y ½ para el relleno)

aceite de oliva virgen extra

400 g de tomate triturado

sal

200 g de espinacas frescas

250 g de queso ricota

45 g de arándanos deshidratados

1 calabacín grande

1 puñado de tomates cherri

parmesano rallado al gusto

albahaca fresca al gusto

PASO A PASO

En una cazuela con aceite, doramos la mitad de la cebolla picada hasta que empiece a coger color, añadimos el tomate triturado, tapamos y cocinamos a fuego medio durante 15 minutos.

En una sartén, doramos la otra mitad de la cebolla muy picadita con aceite de oliva virgen extra y sal y, cuando coja color, añadimos las espinacas y rehogamos hasta que las espinacas se reduzcan de tamaño. Retiramos, escurrimos bien para quitar el exceso de agua que puedan tener las espinacas y reservamos.

En un bol, mezclamos las espinacas rehogadas con el queso ricota y los arándanos, salpimentamos y reservamos.

Con un pelador laminamos fino el calabacín. Ponemos una lámina de calabacín en horizontal y justo encima otra en vertical (perpendiculares). Colocamos en el centro una cucharada del relleno y cerramos haciendo un paquetito. Repetimos este paso hasta terminar con el relleno.

En una fuente de horno, disponemos una base de salsa de tomate y luego colocamos los «raviolis» y los tomates cherri cortados por la mitad. Cubrimos con el parmesano rallado y cocinamos 10 minutos en el horno a 180 °C con calor arriba y abajo y con ventilador. Finalmente gratinamos 10 minutos con el grill a 250 °C.

Servimos con albahaca fresca al gusto.

CONSEJOS

- Podemos añadir al relleno alguna proteína como pollo asado picado.

- Si queréis llevarlos a la oficina, montad los «raviolis» directamente en tápers de cristal individuales. Se pueden hornear previamente y ese día darles un golpe de microondas.

CONSERVACIÓN

- En la nevera la pasta aguanta 2-3 días en un táper de cristal.

ESPAGUETIS INTEGRALES CON BOLOÑESA DE LENTEJA ROJA Y SETAS

Esta receta es perfecta para aquellos que quieran disfrutar de las legumbres de forma diferente y, a la vez, les apetezca comer un rico plato de pasta.

30 min
para 4 personas

240 g de espaguetis integrales
queso parmesano al gusto

PARA LA BOLOÑESA
1 cebolla grande
1 diente de ajo
aceite de oliva virgen extra
1 pizca de sal
100 g de setas shiitake
150 g de setas de ostra
60 g de lentejas rojas
500 g de tomate triturado
orégano al gusto
pimentón al gusto
pimienta
150 ml de agua o caldo
  + agua de cocción

PASO A PASO

En una cazuela con aceite, pochamos, a fuego medio, la cebolla y el ajo picaditos con una pizca de sal. Cuando empiecen a coger color, agregamos las setas troceadas, subimos el fuego y las salteamos hasta que estén doradas.

Añadimos las lentejas, el tomate triturado, las especias y el agua o caldo, tapamos y cocinamos unos 15 minutos o hasta que las lentejas estén blanditas. Probamos y rectificamos.

Cocemos la pasta en abundante agua con sal el tiempo que se indique en el paquete. Reservamos un poco de agua de cocción.

Incorporamos la pasta a la cazuela de la salsa y, justo antes de servir, rallamos el queso parmesano por encima, vertemos el agua de cocción y mezclamos bien para ligar y aligerar la salsa y que quede más cremosa.

CONSEJOS

- No olvidéis reservar agua de cocción para ligar la salsa. Os recomiendo que este proceso de mezclar la pasta con la salsa y ligarla con el queso y el agua de cocción lo hagáis en una sartén para remover e integrar bien.

- Si elaboramos la receta con lentejas ya cocidas, preparamos primero la salsa con las setas y el tomate triturado, y añadimos las lentejas al final.

CONSERVACIÓN

- Podemos preparar bastante cantidad de salsa y congelarla en frascos de cristal para otros días.

PASTEL DE CARNE Y ALUBIAS ROJAS CON PURÉ DE BONIATO

Este pastel es perfecto para llevar a la oficina. Podéis añadir las verduras que más os gusten a la boloñesa. El puré de boniato y calabaza le da un punto dulce ideal.

50 min

para 4 personas

1 cebolla

aceite de oliva virgen extra

berenjena o calabacín
  (opcional)

250 g de carne picada de cerdo

250 g de carne picada
  de ternera

800 g de tomate triturado

1 cucharadita de pimentón
  dulce

sal

pimienta

1 cucharadita de orégano

300 g de alubias rojas cocidas

70 g de queso mozzarella
  rallado

PARA EL PURÉ

300 g de boniato

200 g de calabaza

sal

180 ml de leche

3 cucharadas de mantequilla

pimienta

PASO A PASO

En una cazuela con aceite, pochamos la cebolla picada y la verdura que usemos troceada. Añadimos la carne picada, la desmenuzamos, la doramos y agregamos el tomate triturado, el pimentón, el orégano, sal y pimienta y, cuando empiece a hervir, bajamos el fuego, tapamos y cocinamos 25 minutos.

Pasado ese tiempo destapamos, añadimos las alubias cocidas y cocinamos 5-7 minutos más para reducir todo el jugo y que nos quede una salsa bien concentrada.

Mientras tanto, pelamos y troceamos el boniato y la calabaza y los cocemos en agua con sal durante 15 minutos o hasta que estén blanditos. Escurrimos, pasamos a un bol y machacamos con un pasapuré. Añadimos la leche, la mantequilla, sal, pimienta y mezclamos con unas varillas hasta integrar bien. Rectificamos de leche y mantequilla hasta lograr una textura cremosa.

En una fuente grande de horno, montamos el pastel colocando el chili en la base y el puré por encima. Cubrimos con queso mozzarella rallado y gratinamos 10 minutos a 250 °C.

CONSEJOS

- Reducid bien el chili para que el pastel no esté aguado.

- Cuando hagáis el puré, id añadiendo poco a poco la leche y la mantequilla hasta que quede cremoso.

CONSERVACIÓN

- El pastel se puede congelar en porciones individuales en táperes de cristal aptos para horno. Antes de montar el pastel, podéis separar un poco de chili y preparar la receta de la página 31.

ALBÓNDIGAS DE TERNERA Y CERDO CON SALSA DE TOMATE Y CALABAZA

Un básico de nuestro menú semanal. Estas albóndigas nunca faltan en casa porque están brutales. La salsa es una maravilla y funciona bien con todo tipo de proteínas: es dulce, suave y sabrosa. Tenéis que hacerlas sí o sí. Si las lleváis a la oficina, compartid para que vuestros compañeros descubran también la receta.

40 min

para 15-20 albóndigas

- 4 personas

500 g de carne picada
   de ternera

1 diente de ajo

perejil fresco al gusto

1 huevo

1 cucharada de pan rallado

sal

pimienta

aceite de oliva virgen extra

albahaca al gusto

queso parmesano al gusto

PARA LA SALSA

½ cebolla

aceite de oliva virgen extra

sal

300 g de calabaza

150 g de tomate triturado

½ vaso de agua o caldo
   de verduras

PASO A PASO

Para hacer la salsa, en una cazuela doramos la cebolla picada con aceite de oliva virgen extra y sal. Añadimos la calabaza troceada, subimos el fuego y la doramos. Cuando tengamos la calabaza en su punto (blandita y dorada), agregamos el tomate triturado y el agua o caldo de verduras para que la salsa quede más ligera y dejamos que cueza con la tapa 15 minutos. Al triturar, podemos rectificar la textura añadiendo más agua.

Mientras preparamos las albóndigas. Aderezamos la carne con el ajo y el perejil muy picados, el huevo, el pan rallado, sal y pimienta y damos forma a las albóndigas. Las marcamos en una cazuela o sartén caliente con un poco de aceite de oliva virgen extra.

Trituramos la salsa y la vertemos en la sartén con las albóndigas. Cocinamos 5-7 minutos para que las albóndigas se terminen de hacer.

A la hora de servir, añadimos parmesano y albahaca fresca por encima.

CONSEJOS

- Cocinamos la salsa hasta que la calabaza esté blandita. No debemos pasarnos con el agua o caldo porque debe ser cremosa. Es mejor poner poquita y triturar y rectificar si es necesario.

CONSERVACIÓN

- Podemos congelar toda la elaboración en un táper para llevar a la oficina cuando no tengamos tiempo de cocinar.

HAMBURGUESAS DE BACALAO CON ALBAHACA Y MAYONESA DE LIMA

En casa suelo preparar hamburguesas de merluza porque a mi hijo le encantan. Para variar, decidí hacerlas de bacalao y sustituí el perejil por albahaca, y el resultado fue brutal.

30 min

para 4 personas

---

500 g de bacalao fresco
   sin espinas ni piel

sal

pimienta

1 huevo

1 cucharadita de ajo en polvo

1 cucharada de pan integral
   rallado

la ralladura de ½ lima

1 puñado de albahaca fresca

PARA LA MAYONESA
200 ml de aceite de oliva suave

1 huevo

el zumo y la ralladura de
   ½ lima

sal

1 hoja de albahaca fresca
   (opcional)

PARA MONTAR
   Y ACOMPAÑAR
escarola o lechuga romana

tomate

cebolleta

aguacate

panes de hamburguesa tipo
   brioche

PASO A PASO

En una procesadora, picamos el bacalao, lo ponemos en un bol y lo aliñamos con el huevo batido, el ajo en polvo, el pan rallado, la ralladura de lima y un poco de albahaca fresca picada. Mezclamos, le damos forma a las hamburguesas y reservamos. Si la masa está muy blandita y nos cuesta manipularla, añadimos un poquito más de pan rallado.

Para la mayonesa, ponemos en un vaso de minipimer el aceite, el huevo, la ralladura y un poco de zumo de lima y sal. Colocamos la batidora en el fondo del vaso y la ponemos en marcha sin apenas moverla hasta que el aceite y el huevo hayan emulsionado. Entonces movemos la minipimer de arriba abajo hasta obtener una mayonesa bien combinada. Probamos y rectificamos de lo que sea necesario. Podemos añadir una hoja de albahaca para darle color y sabor.

En una sartén con aceite, cocinamos las hamburguesas por ambas caras a fuego medio hasta que estén doradas. El tiempo puede variar en función del grosor de las hamburguesas.

Podemos servirlas con la mayonesa y una ensalada, o montarlas con pan y otros ingredientes como en la foto.

CONSEJOS
- Añadimos el pan rallado poco a poco, sin pasarnos para que la masa no quede seca.
- Podéis llevarlas a la oficina en un táper con el pan y el resto de los ingredientes para montarlas allí.

CONSERVACIÓN
- Si no vais a consumirlas en el momento, congeladlas.

ESPIRALES CON PESTO DE BRÓCOLI, NUECES, ACEITUNAS Y TOMATES CHERRI

Una de mis recetas favoritas de pesto. Es un plato muy completo y perfecto para que los peques tomen brócoli y descubran lo sabroso que es. Se puede servir tanto frío como caliente y es ideal para un bufet, llevar al trabajo o a la playa.

25 min
para 4 personas

320 g de pasta en espiral
150 g de tomates cherri
80 g de aceitunas del tipo que os gusten

PARA EL PESTO
250 g de brócoli
aceite de oliva virgen extra
50 g de nueces
½ diente de ajo sin germen
60 g de queso parmesano
120 ml de aceite de oliva
25 g de albahaca fresca
sal
pimienta

PASO A PASO

En una cazuela con agua hirviendo, añadimos sal y cocemos la pasta el tiempo que indique el fabricante en el paquete. Reservamos una taza del agua de cocción para luego aligerar la salsa.

Lavamos y cortamos el brócoli en «arbolitos pequeños» y lo salteamos a fuego fuerte con aceite de oliva virgen extra hasta que coja un color verde intenso y empiece a tostarse. Separamos 125 g de brócoli para el pesto y el resto lo reservamos para mezclar con la pasta.

En una procesadora, ponemos los 125 g de brócoli, 35 g de nueces (el resto lo reservamos para picar y mezclar con la pasta), el ajo, el queso parmesano rallado, el aceite, la albahaca fresca y una pizca de sal y pimienta. Trituramos hasta obtener una salsa con consistencia y en la que se noten algunos trocitos. Probamos y rectificamos de lo que sea necesario para que la salsa quede a nuestro gusto.

Cortamos los tomates cherri en rodajas y picamos las nueces que hemos reservado.

Mezclamos la pasta con el pesto, el brócoli reservado, los tomates cherri, las aceitunas y las nueces, y vamos aligerando la salsa añadiendo muy poco a poco agua de cocción hasta lograr la textura que buscamos.

CONSEJOS

- El pesto es una salsa muy personal, así que hacedla a vuestro gusto y añadid más o menos cantidad de cualquiera de los ingredientes.

- Esta es una versión en la que la presencia del brócoli es muy sutil.

- Si os gusta que el pesto sea ligero, trituradlo mucho y aligerad con agua de cocción antes, cuando lo estéis preparando en la procesadora, para que a esta le resulte más sencillo cogerlo bien.

CONSERVACIÓN

- Si sobra pesto, podemos congelarlo en unas cubiteras. Cocemos un poco de pasta, añadimos unos dados de pesto congelado y, con el calor de la pasta, poco a poco se irá fundiendo. Agregamos algo más de agua de cocción, emulsionamos con un poquito de aceite, y listo.

GALLETAS DOBLE CHOCOLATE Y NUECES

Como ya sabéis los que me seguís desde hace tiempo, me encantan los frutos secos y el chocolate. Así que ya era hora de hacer una receta de cookies con estos ingredientes. Tras varias pruebas, finalmente di con unas que gustaron mucho en casa. Ideales para acompañar el café o un vaso de leche.

30 min
para 12 unidades

---

100 g de mantequilla

100 g de azúcar

1 huevo

150 g de harina integral de trigo o espelta

10 g de levadura química

25 g de cacao puro en polvo desgrasado

50 g de nueces

50 g de chocolate negro

PASO A PASO

En un bol, mezclamos la mantequilla derretida con el azúcar y el huevos (ingredientes húmedos) y en otro bol, mezclamos la harina tamizada con la levadura y el cacao (ingredientes secos).

Añadimos los ingredientes secos a los húmedos.

A continuación, agregamos las nueces y el chocolate negro picados y mezclamos todo hasta que esté bien integrado.

Enfriamos la masa en la nevera y, mientras tanto, precalentamos el horno a 180 °C con calor arriba y abajo y con ventilador.

Formamos bolitas medianas con la masa, las aplastamos hasta darles forma de galleta y las colocamos en una bandeja de horno forrada con papel vegetal. Horneamos durante 10 minutos.

CONSEJOS

- Dejamos enfriar la masa para que las galletas crezcan en el horno.

- Al utilizar harina integral, la masa es más compacta; si la queremos más ligera, debemos usar harina de trigo normal.

- El tiempo de cocción puede variar en función del horno.

CONSERVACIÓN

- Aguantan 4-5 días en un recipiente de cristal en la despensa.

- Se pueden congelar las bolitas de masa y hornearlas cuando las vayamos a consumir.

MAGDALENAS INTEGRALES DE LIMÓN, JENGIBRE Y MIEL

El dulce casero perfecto para un desayuno o merienda. También podemos llevárnoslas a la oficina porque aguantan muy bien en un recipiente de cristal. Son supersencillas de preparar y a los niños les encanta meter las manos en la masa para ayudar.

30 min
para 7 unidades

75 ml de aceite de oliva suave

2 huevos

la ralladura de 1 limón

75 g de miel

75 g de harina de espelta

½ cucharadita de jengibre en polvo (o al gusto)

1 cucharadita de levadura química

PASO A PASO

En un bol, mezclamos el aceite, los huevos, la ralladura de limón y la miel (ingredientes húmedos) y, en otro, la harina tamizada, el jengibre en polvo y la levadura (ingredientes secos).

Añadimos los ingredientes secos a los húmedos y mezclamos con la ayuda de unas varillas hasta que esté todo bien integrado.

Precalentamos el horno a 200 °C y, mientras tanto, enfriamos la masa en la nevera.

Rellenamos cada molde de magdalena hasta ¾ de su capacidad, no del todo porque en el horno suben y se pueden desbordar.

Metemos las magdalenas en el horno, bajamos a 180 °C y cocinamos durante 12-15 minutos.

CONSEJOS

- Para que las magdalenas crezcan y queden esponjosas es importante que la masa esté fría y el horno bien caliente.

- Si os gusta que sepan mucho a limón, se pueden añadir a la masa unas gotas del zumo.

- Si el molde no es antiadherente o no vais a utilizar papeles desechables de magdalena, entonces os recomiendo que engraséis el molde previamente para que resulte más sencillo desmoldar.

- El tiempo de cocción puede variar en función del horno.

CONSERVACIÓN

- En la despensa las magdalenas aguantan tapadas 2 días en un recipiente de cristal.

CENAS ENTRE SEMANA

RECETAS PARA CADA OCASIÓN

CARPACCIO DE PULPO CON TARTAR DE PIÑA Y MAYONESA DE PIMENTÓN

El pulpo y la piña combinan genial, pero ¿qué sería de un pulpo sin pimentón? Nada. Por eso tenéis que hacer sí o sí la mayonesa que lo acompaña porque le da un toque brutal.

20 min

para 2 personas

55 g de piña

35 g de aguacate

15 g de cebolla morada

el zumo y la ralladura de 1 lima

1 cucharadita de miel

2 cucharadas de aceite de oliva virgen extra

2 cucharadas de mayonesa (véase la receta de la página 104)

1 cucharadita de café de pimentón de la Vera

1 pata de pulpo cocida

PASO A PASO

Pelamos y cortamos la piña y el aguacate en daditos y picamos la cebolla finamente. Lo ponemos todo en un bol y reservamos.

En un cuenco, mezclamos el zumo de lima, la miel y el aceite. Con unas varillas, lo emulsionamos bien hasta lograr una salsa fluida. Probamos y rectificamos de lo que sea necesario.

Aliñamos el tartar de piña, aguacate y cebolla con la salsa, pero reservamos una parte para aderezar el pulpo cuando emplatemos.

Mezclamos la mayonesa con el pimentón.

Con un cuchillo bien afilado cortamos la pata de pulpo en rodajas lo más finas posible y las vamos colocando en un plato formando círculos concéntricos.

Desordenadamente, disponemos unos montoncitos de tartar sobre el pulpo y lo intercalamos con unas gotas de mayonesa de pimentón.

Terminamos añadiendo un poco del aliño y ralladura de lima.

CONSEJOS

- Si disponéis de una mandolina, os recomiendo que congeléis el pulpo y lo cortéis con ella.

CONSERVACIÓN

- Podemos dejar todas las elaboraciones adelantadas, pero por separado. Todo aguanta 1 día en la nevera. Emplatamos cuando vayamos a consumir.

ENSALADA DE ZANAHORIA, QUESO FETA Y ALMENDRAS TOSTADAS CON VINAGRETA DE CURRI

La guarnición perfecta para un plato de carne o para mezclar con legumbres. La vinagreta que os propongo os va a chiflar y se puede utilizar para muchas otras recetas.

15 min

para 4 personas

---

4 zanahorias

2 puñados de almendras laminadas

12 aceitunas negras de Aragón

60 g de queso feta

perejil fresco picado al gusto

PARA LA VINAGRETA

3 cucharadas de aceite de oliva virgen extra

1 cucharada de vinagre

1 cucharada de sirope de arce o miel

sal

PASO A PASO

Pelamos las zanahorias y, con la ayuda del mismo pelador o de una mandolina, sacamos tiras finas.

En una sartén caliente, tostamos las almendras durante un par de minutos hasta que cojan un tono dorado. Hay que tener cuidado porque, si nos pasamos, se queman y adquieren un sabor amargo.

Picamos las aceitunas y desmenuzamos el queso.

En un frasco de cristal, ponemos los ingredientes de la vinagreta. Lo cerramos y agitamos hasta que todo se haya emulsionado.

Colocamos las tiras de zanahoria en una fuente y distribuimos por encima el resto de los ingredientes. Terminamos aliñando con la vinagreta y perejil fresco picado.

CONSEJOS

- Si queremos esta ensalada para la oficina, podemos añadir un poco de pollo o lentejas cocidas. Es recomendable llevarse el aliño aparte.

- Si nos quedamos cortos de aliño, podemos preparar más repitiendo la operación del frasco.

CONSERVACIÓN

- Podemos elaborar el aliño con anterioridad y conservarlo en la nevera. Cuando lo vayamos a utilizar, es importante volver a agitarlo.

- Os recomiendo que preparéis el resto de los ingredientes en el momento.

ENSALADA DE COGOLLOS A LA PLANCHA CON NARANJA, AVELLANAS, YOGUR GRIEGO Y VINAGRETA DE MOSTAZA A LA ANTIGUA

Antes de preparar esta receta, no había hecho nunca los cogollos de lechuga a la plancha, y debo decir que me han alucinado. Es un plato que sorprende y que podemos tomar solo, si queremos una cena ligera, o servirlo como acompañamiento de alguna proteína, ya sea huevo, pescado o carne.

20 min

para 2 personas

---

4 cogollos de lechuga

aceite de oliva virgen extra

1 naranja

20 g de cebolla morada
   o cebolleta

2 puñados de avellanas
   tostadas

4 cucharadas de yogur griego

PARA LA VINAGRETA

3 cucharadas de aceite de oliva
   virgen extra

1 cucharada de vinagre

1 cucharadita de mostaza
   a la antigua

1 pizca de sal

PASO A PASO

Cortamos los cogollos por la mitad y los marcamos a fuego fuerte en una sartén con aceite de oliva virgen extra. Retiramos y reservamos.

Cortamos la naranja por la mitad; pelamos y cortamos en dados pequeños una de las mitades y exprimimos el zumo de la otra.

Picamos la cebolla en trozos muy pequeños y troceamos las avellanas.

En un frasco de cristal, ponemos el aceite, el vinagre, la mostaza, el zumo de la media naranja y sal, tapamos y agitamos bien para emulsionar. Probamos la vinagreta y rectificamos.

Emplatamos poniendo el yogur griego en el fondo del plato, los cogollos encima, luego los dados de naranja, las avellanas y la cebolla picada y terminamos con una cantidad generosa de vinagreta.

CONSEJOS

- No escatimemos con el aceite cuando vayamos a cocinar los cogollos y dejémoslos el tiempo que sea necesario hasta que estén bien dorados.

- Podemos omitir la cebolla cruda de la receta si no nos gusta.

CONSERVACIÓN

- Podemos tener el aliño preparado en un frasco, pero recomiendo hacer el resto en el momento de consumir.

SOPA DE TOMATE EN HONOR A MI PADRE

Mi padre es una auténtico fan de las sopas de tomate. Quería hacer mi propia versión en su honor. Fue cocinarla, probarla y pensar en él. A veces las recetas, por muy sencillas que sean, son especiales por los recuerdos que nos evocan.

30 min
para 4 personas

1 cebolla morada
aceite de oliva virgen extra
500 g de tomates pera maduros
800 ml de caldo de verduras
sal
pimienta
tomillo o albahaca fresca
   (opcional)

PASO A PASO

Picamos la cebolla en trozos medianos y en una cazuela la pochamos a fuego suave con aceite de oliva virgen extra hasta que empiece a dorarse.

Lavamos y retiramos el pedúnculo de los tomates, los troceamos y los añadimos a la cazuela. Rehogamos todo junto durante 5 minutos, agregamos el caldo de verduras y dejamos que hierva a fuego suave durante 15-20 minutos.

Transcurrido este tiempo, retiramos del fuego y trituramos con una procesadora a máxima potencia y, si es necesario, colamos.

Servimos con un hilo de aceite de oliva virgen extra y, si nos gusta, tomillo o albahaca fresca.

CONSEJOS

- Podemos servir esta sopa con los picatostes de la página 92.

- Es importante prepararla en temporada de tomates, notaremos mucha diferencia de sabor. Y si la hacemos con caldo de verduras casero, mucho mejor.

CONSERVACIÓN

- En la nevera la sopa aguanta 3-4 días. Podemos congelarla y darle un hervor a la hora de consumir.

CREMA DE ESPÁRRAGOS Y AGUACATE

Cuando empieza la temporada de espárragos, me encanta preparar con ellos todo tipo de recetas, pero nunca había probado a hacer una crema templada, y fue un éxito. Para aportar una textura cremosa y darle algo de frescor añadí aguacate. No olvidéis reservar unas puntas y tallos para decorar.

20 min
para 4 personas

500 g de espárragos verdes
aceite de oliva virgen extra
1 cebolla
sal
1 aguacate
pimienta
4 tomates cherri

PASO A PASO

Lavamos y troceamos los espárragos, desechando los extremos inferiores que son más fibrosos.

En una cazuela con aceite de oliva virgen extra, pochamos la cebolla picada con una pizca de sal y, cuando coja algo de color, añadimos los espárragos. Cocinamos 2-3 minutos y, antes de cubrir con agua, retiramos y reservamos unas puntas y algún trozo de tallo para decorar. Cubrimos con agua o caldo y cocemos 10 minutos.

Después, lo pasamos a una procesadora, añadimos el aguacate y la pimienta. Trituramos a máxima potencia al menos 2 minutos. Probamos y rectificamos de sal y pimienta.

Dejamos que se temple un poco y servimos con rodajas de tomates cherri y las puntas y tallos de los espárragos salteados.

CONSEJOS

- Si no tenéis una procesadora con mucha potencia, os recomiendo colar la crema para retirar las hebras de espárragos que hayan podido quedar.

- A mí me gusta tomarla templada, pero fría o incluso caliente también está muy rica.

CONSERVACIÓN

- Recomiendo tomar la crema en 1-2 días como máximo para que el aguacate no se oxide en exceso.

CREMA DE GUISANTES, PERA Y CALABACÍN

Una crema refrescante y supersabrosa. Una cena fácil, completa y sana.
Aprovecha la temporada de guisantes frescos para conseguir un sabor extra.

20 min
para 4 personas

---

1 puerro
1 calabacín
3 peras
aceite de oliva virgen extra
sal
200 g de guisantes frescos

PASO A PASO

Lavamos y cortamos el puerro, el calabacín y las peras. Reservamos media pera cortada en dados pequeños para decorar.

En una cazuela con aceite de oliva virgen extra, pochamos el puerro a fuego medio con una pizca de sal y, cuando empiece a coger color, añadimos el calabacín. Cocinamos 3 minutos más, incorporamos las peras, cubrimos con agua y dejamos que todo hierva hasta que el calabacín empiece a reblandecerse. En ese momento, agregamos los guisantes, cocinamos 2-3 minutos más y apagamos el fuego. Retiramos y, antes de triturar, reservamos unos pocos guisantes cocidos para decorar la crema junto con la media pera.

En una procesadora, trituramos todos los ingredientes 2 minutos a máxima potencia. Probamos y rectificamos de lo que sea necesario.

En una sartén a fuego fuerte y con unas gotas de aceite de oliva virgen extra, salteamos los dados de pera que hemos reservado al principio hasta que se hayan caramelizado un poco. Si es necesario, vamos añadiendo agua a medida que se vaya secando para despegar el azúcar que suelta la propia pera y generar esa caramelización.

Servimos la crema repartiendo por encima los dados de pera caramelizada y los guisantes cocidos.

CONSEJOS

- Podemos ajustar el dulzor de la crema con más o menos pera.

CONSERVACIÓN

- La crema se puede congelar.

- En la nevera aguanta bien 2-3 días.

TAGLIATELLE CON SALSA DE LIMÓN, CALABACÍN Y ALCAPARRAS

Si tenéis antojo de una pasta especial y diferente, pero no queréis complicaros,
esta es vuestra receta. Estoy segura de que tenéis (casi) todos los ingredientes en la despensa.

20 min

para 2 personas

---

150 g de calabacín

aceite de oliva virgen extra

sal

1 diente de ajo

160 g de tagliatelle en seco

50 g de mantequilla

la ralladura y el zumo
    de ½ limón

35 g de alcaparras

pimienta

40 g de queso grana padano

1 puñado de albahaca fresca

PASO A PASO

Cortamos el calabacín en dados y lo salteamos a fuego fuerte en una sartén con aceite de oliva virgen extra y sal. Retiramos y reservamos. En la misma sartén doramos el diente de ajo picado con una cantidad generosa de aceite de oliva virgen extra.

Cocemos la pasta en abundante agua con sal el tiempo que indique el fabricante en el paquete.

Incorporamos de nuevo el calabacín salteado a la sartén donde tenemos el ajo. Agregamos ahora la mantequilla, un cazo de agua de cocción de la pasta, el zumo de limón, las alcaparras, pimienta, la pasta directamente desde la olla donde la hayamos cocido y el queso y mezclamos bien hasta que esté todo bien integrado y la salsa emulsionada.

Terminamos añadiendo un poco de albahaca picada, más queso y la ralladura de limón.

CONSEJOS

- Empezamos poniendo menos de la mitad del zumo de limón y vamos rectificando al gusto.

- Si no tenemos o no somos muy fans de las alcaparras, podemos preparar este plato sin ellas.

CONSERVACIÓN

- Podéis tener la pasta ya cocida, pero os recomiendo que hagáis la salsa en el momento.

TU PASTA FAVORITA CON QUESO FETA, ALBAHACA Y SALMÓN

Esta receta surgió del aprovechamiento. Me había sobrado dip *de feta y albahaca de una cena y decidí reutilizarlo como salsa para una pasta añadiendo salmón ahumado y pistachos. Así que ya sabéis, preparad siempre mucho* dip *para que sobre y disfrutad de esta pasta tan rica. Se puede tomar tanto caliente como fría.*

15 min

para 2 personas

160 g de pasta en seco

sal

100 g de salmón ahumado

pistachos al gusto

dip de feta y albahaca
(véase receta de la página 18)

PASO A PASO

Cocemos nuestra pasta favorita en abundante agua con sal el tiempo que indique el fabricante en el paquete y, antes de colarla, reservamos dos cazos de agua de cocción.

Troceamos el salmón ahumado y picamos los pistachos.

Mezclamos la pasta caliente con el *dip* y añadimos poco a poco el agua de cocción hasta que se forme una crema.

Incorporamos el salmón y terminamos con los pistachos picados.

CONSEJOS

- Se debe añadir el agua de cocción poco a poco para ligar el *dip* y formar una salsa cremosa.

- Incorporamos el salmón con el fuego ya apagado para que no se cocine en exceso.

CONSERVACIÓN

- En la nevera la pasta aguanta 1 día en un táper de cristal. No conviene dejar el salmón ahumado abierto mucho tiempo.

- Es una receta tan sencilla que no tardaréis mucho en prepararla cuando tengáis antojo de pasta rica para cenar.

MEJILLONES CON SALSA DE CURRI Y COCO

Soy fan de los mejillones al vapor con limón, pero reconozco que esta receta me ha robado el corazón. La combinación de sabores es brutal y es supersencilla de preparar para hacer más llevaderas las cenas entre semana. No querréis parar de mojar en la salsa.

20 min
para 2 personas

½ cebolla

2 dientes de ajo

aceite de oliva virgen extra

1 guindilla (opcional)

½ vaso de vino blanco

400 ml de leche de coco

1 hoja de laurel

1 cucharadita de curri
   (en polvo o en pasta)

1 lima

1 malla de mejillones de 1 kg

perejil fresco al gusto

PASO A PASO

En una cazuela con aceite de oliva virgen extra pochamos la cebolla cortada en tiras y los dientes de ajo picados hasta que cojan algo de color (si queremos picante, añadimos ahora la guindilla). Incorporamos el vino blanco y esperamos un par de minutos a que se evapore el alcohol.

Agregamos la leche de coco, la hoja de laurel, el curri y una cucharada de zumo de lima y cocinamos 10 minutos hasta que la salsa empiece a reducir y a coger algo de textura.

Mientras se cocina la salsa, limpiamos los mejillones y les quitamos las barbas. Los añadimos a la cazuela, tapamos y esperamos a que se abran.

Servimos con gajos de lima para poder exprimirlos sobre los mejillones al consumir y con perejil fresco picado por encima.

CONSEJOS

- Si queremos una salsa más cremosa y concentrada en sabor, retiramos los mejillones una vez que se hayan abierto y reducimos la salsa emulsionando con la ayuda de unas varillas durante un par de minutos a fuego fuerte.

CONSERVACIÓN

- Podemos dejar la salsa preparada, pero los mejillones deben abrirse en el momento en que vayamos a consumirlos.

- Si sobra, podemos cocer un poco de pasta y mezclarla con la salsa y los mejillones o triturarlos con un poco de caldo de pescado para hacer una crema.

PAPILLOTE DE GAMBONES CON TIRABEQUES, CUSCÚS DE COLIFLOR Y ALIÑO *THAI*

La técnica del papillote es perfecta para preparar una cena fácil, rica y sana. La gente suele hacerlo con salmón, pero lo cierto es que funciona bien con muchos pescados e incluso con carnes. Estos gambones quedan en su punto y la salsa y la guarnición que los acompañan son deliciosas.

20 min
para 2 personas

100 g de coliflor
100 g de tirabeques
aceite de oliva virgen extra
sal
250 g de gambones
1 lima
hojas de cilantro fresco

PARA EL ALIÑO *THAI*
1 cucharada de salsa de soja
1 cucharadita de aceite
    de sésamo
1 cucharadita de café de ajo
    en polvo
cilantro fresco al gusto
1 cucharadita de miel o sirope
    de arce (opcional)

PASO A PASO

En un bol, mezclamos la salsa de soja, el aceite de sésamo, el ajo en polvo, el cilantro fresco picado y, si queremos, la miel o sirope.

Rallamos o picamos la coliflor para hacer el falso cuscús. Reservamos.

En una sartén con aceite de oliva virgen extra, salteamos los tirabeques 2 minutos a fuego fuerte con sal. Retiramos y reservamos.

Retiramos la cáscara de los gambones.

Doblamos una hoja de papel vegetal por la mitad y la recortamos haciendo una media luna, de tal forma que, cuando la abramos, «parezca» un corazón.

Abrimos el papel y en un lado colocamos un par de cucharadas de cuscús de coliflor, unos tirabeques salteados y encima 3-4 gambones. Aliñamos todo con salsa *thai* y terminamos con unas rodajas de lima y unas hojas de cilantro fresco.

Cerramos bien el papel, como si fuera una gran empanadilla, y horneamos a 160 °C durante 5-6 minutos. El tiempo puede variar en función del grosor de los gambones y del horno que tengamos.

Cortamos el papel con unas tijeras y servimos directamente con un poco más de salsa.

CONSEJOS

- Es muy importante que el paquete esté bien sellado para que dentro se forme vapor y se cocinen bien los gambones.

CONSERVACIÓN

- Podemos congelar la coliflor picada que nos sobre en bolsas con cierre hermético, pero el resto del plato se debe preparar en el momento de consumir.

DORADA AL HORNO CON SIDRA, PERAS Y CHALOTAS

*Esta cena es perfecta cuando no queremos complicarnos, pero nos apetece salir
del típico pescado al horno con patatas y cebolla. Lo preparé en casa de mis padres, y les chifló a todos.
La pera se carameliza en el horno y aporta un punto dulce muy rico.*

40 min
para 4 personas

2 patatas grandes
aceite de oliva virgen extra
sal
200 g de chalotas
3 peras
el zumo de 1 limón
1 vaso chato de sidra
hojas de romero fresco
1 dorada de 800 g - 1 kg
rodajas de limón al gusto

PASO A PASO

Pelamos y cortamos las patatas en rodajas y las ponemos con aceite de oliva virgen extra y sal en una bandeja de horno forrada con papel vegetal. Horneamos durante 15 minutos a 180 °C.

Añadimos las chalotas cortadas en juliana, las peras en rodajas finitas, la dorada, el zumo de limón, la sidra, un poquito más de aceite y sal, unas hojas de romero y la dorada, y horneamos otros 15-17 minutos dependiendo del horno y del tamaño del pescado.

Servimos con más romero fresco y rodajas de limón.

CONSEJOS

- Cocinamos las patatas antes para que no queden duras.

- Utilizad peras maduras para que se cocinen bien y se acaben caramelizando con el jugo de limón y la sidra.

- Si no tenéis romero, podéis usar tomillo o perejil. También podéis sustituir la sidra por vino blanco.

- Un indicativo para saber si el pescado está listo es ver si el ojo se ha puesto blanco.

CONSERVACIÓN

- Podemos dejar adelantada la guarnición y hornear el pescado en el momento de consumir.

PALETILLA DE CORDERO CON MANZANA

A mi marido le encanta el cordero y, desde que preparé esta versión con manzana, no dejamos de hacerlo en casa. Es una receta muy sencilla, la carne queda tierna y podéis dejarla cocinándose en el horno mientras preparáis otras cosas. Tendréis una comida o cena rica y sana casi sin daros cuenta.

1 h y 15 min
para 2 personas

1 paletilla de cordero de 1 kg
sal
pimienta
el zumo de 1 limón
tomillo al gusto
150 ml de agua
100 ml de vino blanco
350 g de patata (1 muy grande)
2 manzanas
4 chalotas
aceite de oliva virgen extra
3 dientes de ajo

PASO A PASO

Salpimentamos la paletilla y la ponemos en un recipiente junto con el zumo de limón, el tomillo, el agua y el vino y la dejamos reposar mientras pelamos y cortamos las patatas y manzanas en dados.

Horneamos la paletilla a 200 °C durante 20 minutos. Le damos la vuelta y añadimos las patatas, las manzanas y las chalotas enteras. Lo dejamos cocinar otros 35 minutos a 180 °C . Finalmente, subimos a 250 °C 3 minutos por cada lado para dorar.

Servimos todo junto en una fuente.

CONSEJOS

- Podemos dejar la paletilla macerando la noche anterior; así cogerá mucho sabor.

- También podemos ponerlo todo en el horno desde un inicio, pero la guarnición se deshará porque no necesita tanto tiempo.

- Hay que mantener siempre hidratada la fuente con agua o caldo para que no se seque.

CONSERVACIÓN

- En la nevera esta receta aguanta 2-3 días. Para regenerar el cordero y que no quede seco metedlo unos minutos en el horno con algo de agua o caldo.

- Despiezad y desmenuzad la carne y congelad la que sobre para hacer croquetas.

CONTRAMUSLO DE POLLO AL LIMÓN CON LUNAS DE CALABACÍN

Una receta muy sencilla para aprovechar la temporada de calabacín
y alegrar vuestras cenas del día a día. Fácil, rica, sana y con ingredientes al alcance de todos,
@foodtropia en estado puro.

40 min
para 2 personas

2 o 3 contramuslos de pollo

sal

pimienta

el zumo de 1 limón

1 calabacín

2 dientes de ajo

aceite de oliva virgen extra

un poquito de caldo de pollo
o vino blanco para la salsa
(opcional)

PASO A PASO

Salpimentamos los contramuslos y los colocamos en una bandeja de horno con el zumo de limón, el calabacín cortado en medias lunas finitas, los ajos chafados con piel, aceite de oliva virgen extra, sal y pimienta.

Horneamos a 180 °C durante 30 minutos. Los últimos 10 minutos, subimos a 200 °C para dorar.

Pasamos la salsa a un cazo, ponemos el fuego a tope y la reducimos para concentrar el sabor y espesarla un poquito.

Emplatamos cada contramuslo con su guarnición y la salsa.

CONSEJOS

- El tiempo de horneado varía según el horno y el tamaño de los contramuslos.

- Para saber si están listos, pinchamos los contramuslos con un cuchillo y, si sale líquido blanco, están bien cocinados. Si, por el contrario, el líquido es rosado, están poco hechos.

CONSERVACIÓN

- En la nevera los contramuslos aguantan 2-3 días.

COMIDAS
DE DIARIO Y FIN
DE SEMANA

RECETAS PARA CADA OCASIÓN

VERDINAS CON PULPO

Las verdinas son unas alubias especiales que merece la pena comprar al menos una vez al año para alegrar alguna de nuestras comidas de diario o para que las prueben nuestros amigos un fin de semana. Me gusta prepararlas con pescado y, en esta ocasión, las hice con pulpo y quedaron muy ricas.

40 min

para 4 personas

300 g de verdinas en seco

2 zanahorias

1 puerro

½ cebolla

1 hoja de laurel

1 sobre de hebras de azafrán

1 puñado de perejil fresco

1 chorrito de aceite de oliva
virgen extra

sal

230 g de pulpo (2 patas
cocidas)

perejil fresco al gusto

PASO A PASO

Paso previo: dejamos las verdinas a remojo la noche anterior.

En una cazuela, ponemos las verdinas escurridas con las zanahorias peladas y enteras, el puerro lavado y cortado por la mitad, la cebolla cortada por la mitad, el laurel, el azafrán, el perejil, un chorrito de aceite de oliva virgen extra y sal, y lo cubrimos todo con dos dedos de agua. Llevamos a hervir, desespumamos las impurezas y dejamos que cueza a fuego no muy fuerte durante 35 minutos o hasta que las verdinas estén tiernas.

Retiramos del fuego y trituramos solo las verduras con un poco de agua de cocción y una cucharada de verdinas cocidas, y la crema resultante la volvemos a añadir al guiso.

En una sartén con aceite de oliva virgen extra, salteamos a fuego fuerte las patas de pulpo cocidas hasta que estén doradas. Las cortamos en rodajas no muy gruesas y reservamos algún rabito para decorar.

Incorporamos el pulpo al guiso, dejamos que cueza todo junto durante un par de minutos más y servimos con perejil fresco picado por encima.

CONSEJOS

- Podemos añadir también algún otro pescado como merluza o rape.

CONSERVACIÓN

- En la nevera este plato aguanta 2 días. Mejor no congelarlo porque el pulpo no queda igual de rico.

ENSALADA DE TOMATE CON LENTEJAS CRUJIENTES, CEBOLLETA, REMOLACHA Y ALCAPARRONES

El tomate es sin duda una de mis frutas favoritas. Me encanta cuando llega la temporada y puedo disfrutar de una buena ensalada aliñada solo con aceite de oliva virgen extra y sal. Aunque también me gusta mezclarlo con todo tipo de ingredientes para buscar diferentes combinaciones. En esta ocasión, le he dado un punto crujiente con unas lentejas cocinadas en el horno con especias y salazón con unos alcaparrones que contrastan muy bien con el dulzor de la remolacha.

35 min (incluye el tiempo de horneado de las lentejas)

para 2 personas

100 g de lentejas cocidas

sal

pimienta

orégano en polvo al gusto

1 chorrito de aceite de oliva virgen extra

3 tomates

1 remolacha pequeña cocida

alcaparrones al gusto

½ cebolleta

PASO A PASO

En un bol, ponemos las lentejas cocidas con una pizca de sal, pimienta, orégano en polvo y aceite de oliva virgen extra. Mezclamos bien y las extendemos sobre una bandeja de horno forrada con papel vegetal. Horneamos a 200 °C durante 25 minutos. Es importante que abramos el horno al menos un par de veces durante la cocción para remover y que las lentejas no «exploten».

Cortamos los tomates y la remolacha en rodajas, los alcaparrones por la mitad y la cebolleta en tiras, y ya lo tenemos todo listo para emplatar.

Sobre una fuente, colocamos las rodajas de tomate y las vamos intercalando con las de remolacha, y por encima repartimos la cebolleta, los alcaparrones y las lentejas crujientes.

Aliñamos con aceite de oliva virgen extra y sal.

CONSEJOS

- Emplatamos en el momento en el que vayamos comer para que las lentejas no se reblandezcan.

CONSERVACIÓN

- Os aconsejo que preparéis bastantes lentejas crujientes y que las conservéis en un frasco de cristal en la nevera. Os servirán para dar un toque crujiente a vuestras ensaladas y cremas de verduras. Aguantan al menos 1 semana.

ARROZ NEGRO CON ZAMBURIÑAS Y TRIGUEROS

Los arroces siempre triunfan. Esta receta es muy sencilla y completa.

40 min

para 6 personas

---

6 zamburiñas

aceite de oliva virgen extra

200 g de calamar o sepia

125 g de cebolla

2 dientes de ajo

sal

1 pimiento verde italiano

1 manojo de espárragos
   trigueros (unos 200 g aprox.)

1 tomate maduro

1 cucharadita de concentrado
   de tomate

300 g de arroz redondo
   (1 vaso)

100 ml de vino blanco

2 vasos de caldo de pescado
   (el doble que la cantidad
   de arroz)

2 sobres de tinta de sepia

la ralladura de 1 lima

PARA EL ALIOLI CASERO

200 ml de aceite de oliva suave

1 huevo

1 diente de ajo sin germen

sal

1 chorrito de zumo de limón

PASO A PASO

En una cazuela baja con aceite, sellamos las zamburiñas, las retiramos y reservamos. En la misma cazuela salteamos el calamar cortado. Cuando empiece a coger color, lo retiramos y reservamos.

Bajamos el fuego, ponemos más aceite y pochamos la cebolla y los ajos picados con sal. A los 5 minutos echamos el pimiento y los espárragos en rodajas (reservamos algunas puntas) y cocinamos 5 minutos a fuego medio. Agregamos el tomate maduro rallado y el concentrado de tomate, y cocinamos hasta que el jugo se reduzca. Incorporamos el arroz, lo cocinamos 1 minuto y añadimos el vino blanco. Esperamos a que se evapore el alcohol, agregamos el calamar, el caldo de pescado y la tinta de sepia. Probamos y rectificamos de sal.

Cuando el arroz rompa a hervir, bajamos el fuego y dejamos que cueza a fuego medio-bajo hasta que se consuma el caldo.

En un cazo con agua y sal, escaldamos las puntas reservadas de los espárragos unos segundos y las pasamos a un bol con agua fría y hielo para cortar la cocción y que conserven su color.

Cuando al arroz le quede 1 minuto, colocamos las zamburiñas y las puntas de los espárragos. Apagamos el fuego y dejamos reposar.

Para el alioli añadimos en un vaso de minipimer todos los ingredientes. Colocamos la minipimer en el fondo del vaso y la ponemos a funcionar sin moverla hasta que el aceite y el huevo hayan emulsionado; luego movemos la minipimer de arriba abajo hasta obtener una salsa emulsionada. Servimos con ralladura de lima y alioli.

CONSEJOS

- Podemos dejar el sofrito hecho la noche anterior.

CONSERVACIÓN

- Se puede congelar. Para recalentarlo, mejor hacerlo en una cazuela con un poco de agua o caldo.

MACARRONES GRATINADOS CON SALSA DE CALABAZA

Esta receta puede ser la excusa perfecta para celebrar la llegada del otoño. Cuando mi marido y mi hijo la probaron solo querían repetir. La salsa de calabaza es cremosa y dulce en su justa medida y nada pesada. El toque final es el queso fundido en el horno.

30 min
para 4 personas

400 g de calabaza

1 cebolla pequeña

aceite de oliva virgen extra

sal

400 g de macarrones en seco

4 cucharadas de yogur natural

1 cucharadita de pimentón de la Vera

200 g de queso mozzarella (o el que más os guste) para gratinar

PASO A PASO

En un cazo con abundante agua con sal cocemos la calabaza pelada y troceada.

Mientras tanto, en una cazuela con aceite de oliva virgen extra pochamos la cebolla picada con sal. Cuando coja algo de color, incorporamos la calabaza cocida y lo salteamos todo 2-3 minutos a fuego fuerte.

Cocemos los macarrones en abundante agua con sal durante 2 minutos menos del tiempo que indique el fabricante en el paquete.

En una procesadora, trituramos el salteado de calabaza y cebolla con el yogur, el pimentón y un poquito de agua de cocción de la pasta. Probamos y rectificamos de lo que sea necesario.

Ponemos la pasta en una fuente de horno, añadimos la salsa, mezclamos y cubrimos con mozzarella.

Gratinamos con la opción de grill a 250 °C hasta que el queso se dore.

CONSEJOS

- Cuando vayáis a triturar la salsa, añadid el agua de cocción poco a poco hasta lograr la textura deseada. Esta salsa es perfecta para acompañar cualquier proteína.

CONSERVACIÓN

- Podéis preparar la salsa con antelación y guardarla en la nevera durante 3-4 días. El día que queráis consumirla, solo tenéis que cocinar la pasta, mezclarla con la salsa y gratinar con el queso.

CASARECCE CON SALSA DE ESPINACAS, PARMESANO Y JAMÓN

Esta receta se convertirá en vuestro mejor aliado para que niños y adultos coman espinacas. Está deliciosa y podéis llevárosla al trabajo para cumplir con vuestra ración diaria de verduras.

30 min
para 4 personas

70 g de chalota o cebolleta
aceite de oliva virgen extra
sal
150 g de espinacas frescas
250 g de *casarecce* en seco
50 g de queso parmesano
100 g de jamón serrano

CONSEJOS

- Para que la textura de la salsa sea la correcta, debemos verter el agua de cocción poco a poco; si nos pasamos, quedará demasiado líquida, y si ponemos poca, muy espesa. Es mejor que, cuando la mezclemos con la pasta, tire a espesa y luego la vayamos rectificando con más agua. El queso también aporta cremosidad.

PASO A PASO

Cortamos la chalota en dados pequeños y la doramos en una sartén con aceite y sal. Cuando coja color, añadimos las espinacas y lo salteamos todo un par de minutos hasta que se haya reducido de tamaño.

Cocemos la pasta en abundante agua con sal el tiempo que indique el fabricante. Antes de escurrirla, reservamos dos cazos de agua de cocción.

Trituramos el salteado de espinacas y chalota con la mitad del queso parmesano rallado y un cazo de agua de cocción hasta obtener una crema. Si está demasiado espesa, añadimos más agua de cocción. Probamos y rectificamos.

En una sartén, salteamos a fuego fuerte el jamón cortado en dados hasta que empiece a deshidratarse y coja un tono oscuro. Retiramos y reservamos.

Finalmente, en una cazuela mezclamos los *casarecce* cocidos con la salsa, agregamos el resto del queso y volvemos a mezclarlo todo a fuego suave hasta que el queso se funda y esté todo bien integrado.

Servimos con el jamón y un poco más de queso por encima.

CONSERVACIÓN

- En la nevera esta receta aguanta un par de días, aunque quizá la salsa se oscurezca un poco por la oxidación de las espinacas, pero no significa que esté mala.

- Si la vais a llevar a la oficina, os recomiendo que pongáis el jamón aparte, en otro recipiente, para que no se reblandezca. Si la calentáis en el microondas, añadid un poquito de agua antes para que no quede muy apelmazada.

LASAÑA DE BONITO CON SALSA DE TOMATE, ACEITUNAS NEGRAS Y ALCAPARRAS

En mi casa la lasaña siempre ha sido de bonito. Para este libro quería hacer mi propia versión y compartirla con vosotros. La salsa es una especie de puttanesca que le va genial.

1 h

para 4 personas

18 placas de pasta

300 g de bonito en lata

queso parmesano o mozzarella al gusto

PARA LA SALSA

aceite de oliva virgen extra

3 dientes de ajo

500 g de tomate triturado

150 g de aceitunas negras

60 g de alcaparras

PARA LA BECHAMEL

80 g de mantequilla

70 g de harina integral

1 l de leche

PASO A PASO

En una cazuela con aceite de oliva virgen extra, doramos los dientes de ajo picados. Añadimos el tomate triturado y cocinamos a fuego medio con la tapa puesta durante 15 minutos. A mitad de cocción incorporamos las aceitunas picadas y las alcaparras.

Mientras cocemos las placas de pasta el tiempo que indique el fabricante y las reservamos sobre un paño de cocina.

Para hacer la bechamel, derretimos la mantequilla en un cazo, agregamos la harina y cocinamos durante un par de minutos hasta que empiece a burbujear. Añadimos la leche a temperatura ambiente y removemos contantemente con unas varillas hasta que empiece a espesar. Damos un hervor y reservamos.

En un bol, mezclamos la salsa con el bonito escurrido y dos o tres cucharadas de bechamel para el relleno.

En una fuente grande, montamos la lasaña poniendo en la base primero una capa de bechamel y luego intercalando placas de pasta con relleno. Terminamos cubriendo con bechamel y queso rallado al gusto.

Gratinamos con la opción de grill a 250 °C hasta que el queso esté fundido y la bechamel se haya dorado un poco.

CONSEJOS

- No es necesario añadir sal a la salsa de tomate porque las aceitunas y las alcaparras aportan salazón. Podemos poner una pizca en la bechamel.

CONSERVACIÓN

- Se puede preparar la noche antes, dejarla bien tapada en la nevera. Horneamos 10 minutos a 180 °C para calentarla y terminamos con la opción de grill para gratinar.

FIDEUÁ CON SEPIA

Este es un plato único, sin complicaciones, en el que lo importante es hacer un buen sofrito y contar con un rico caldo. Podemos improvisar añadiendo, además de sepia, el pescado o marisco que tengamos o más nos guste.

45 min
para 4 personas

300 g de fideos en seco
aceite de oliva virgen extra
400 g de sepia
100 g de chalota o cebolleta
2 dientes de ajo
1 tomate maduro
1 l de caldo de pescado o fumet
   de marisco
1 sobre de azafrán

PASO A PASO

En una cazuela baja con aceite, tostamos un poco los fideos. Retiramos y reservamos.

En esa misma cazuela, ponemos algo más de aceite y salteamos la sepia a fuego fuerte, bien seca y cortada en dados no muy grandes. Cuando coja color, retiramos y reservamos.

En la misma cazuela, preparamos ahora el sofrito. Pochamos la chalota y los ajos picados con una cantidad generosa de aceite. Cuando estén dorados, añadimos el tomate maduro rallado y cocinamos hasta que se reduzca a seco.

Calentamos el caldo con el azafrán para que se infusione.

Incorporamos de nuevo los fideos a la cazuela donde tenemos el sofrito y cubrimos con el caldo. Repartimos bien y, cuando rompa a hervir, bajamos el fuego y dejamos que cueza el tiempo que indique el fabricante en el paquete de fideos.

Cuando queden 5 minutos añadimos la sepia y cocinamos hasta que se haya consumido prácticamente todo el caldo.

Dejamos reposar y servimos con alioli casero (véase receta de la página 150).

CONSEJOS

- Si añadís a la receta otros pescados, hacedlo al final, cuando queden 2-3 minutos, para que se cocinen con el calor final.

- Si la sepia suelta agua, subid el fuego a tope para que se evapore y retirad, pero no la cocinéis en exceso; si no, quedará dura.

CONSERVACIÓN

- En la nevera la fideuá aguanta 2 días en un táper de cristal.

- Si la vais a recalentar, hacedlo en una sartén con un poquito de caldo, a fuego suave y con la tapa puesta para que se rehidrate.

PERDICES EN ESCABECHE

En casa nos encanta el escabeche, ese sabor avinagrado que hace rica cualquier elaboración.
Es un plato sencillo que mejora con el reposo de los días, y que podéis versionar a vuestro gusto
con cualquier ave o pescado. En este caso, lo he preparado con unas perdices.

50 min
para 2 personas

1 cebolla

2 zanahorias

4 dientes de ajo

4 perdices de campo

sal

pimienta

75 ml de vino blanco

75 ml de vinagre de vino blanco

150 ml de aceite de oliva

75 ml de agua

2 hojas de laurel

la piel de 1 naranja

hierbas aromáticas al gusto:
   perejil, tomillo, romero…

PASO A PASO

Cortamos la cebolla en tiras, las zanahorias en rodajas y machacamos los ajos con piel con el filo de un cuchillo.

Salpimentamos y bridamos las perdices con hilo de cocinar para que mantengan su forma cuando las cocinemos. En una cazuela, ponemos un poquito de aceite de oliva virgen extra y, cuando esté caliente, doramos las perdices por todas sus caras. Las retiramos y las reservamos en un plato.

En esa misma cazuela, a fuego bajito, pochamos la cebolla, las zanahorias y los ajos durante 2-3 minutos. Añadimos el vino y el vinagre y esperamos un par de minutos a que se evapore el alcohol para agregar el aceite, el agua y sal.

Volvemos a incorporar las perdices y añadimos las hojas de laurel, la piel de la naranja y las hierbas aromáticas que queramos.

Cocinamos las perdices con la tapa entreabierta a fuego medio bajo (hervor suave) durante 45 minutos-1 hora (dependiendo de su tamaño) hasta que estén bien tiernas.

CONSEJOS

- Los escabeches están más sabrosos pasadas 24-48 horas de su elaboración porque los sabores se asientan.

CONSERVACIÓN

- En la nevera las perdices con la salsa aguantan 2-3 días en un táper de cristal. Si sobra escabeche, podéis guardarlo más tiempo y aprovecharlo para otras recetas.

CARNE GUISADA CLÁSICA

*Si hay un plato clásico en casa de mi abuela Meli y que ha ido pasando de generación
en generación es la carne guisada. He querido hacer mi propia versión siguiendo
las bases de su receta para que se convierta en un básico de vuestras comidas.
La clave para que quede supertierna: mucha paciencia.*

1 h y 20 min
para 4 personas

1 kg de carne de ternera
    para guisar
sal
pimienta
aceite de oliva virgen extra
6 patatas pequeñas
1 y ½ cebollas
5 zanahorias grandes
3 dientes de ajo
2 hojas de laurel
1 sobre de azafrán
1 vaso de vino blanco o coñac
perejil fresco al gusto
250 ml de agua

PASO A PASO

Salpimentamos la carne y, en una cazuela con una cantidad generosa de aceite de oliva virgen extra, la sellamos a fuego fuerte por todas sus caras. Retiramos y reservamos.

En esa misma cazuela, doramos la cebolla cortada en cuartos, las zanahorias cortadas por la mitad y los dientes de ajo con piel machacados. Lo tostamos todo bien.

Volvemos a incorporar la carne y añadimos el laurel, el azafrán, el vino blanco, perejil picado, sal y el agua. Cuando rompa a hervir, bajamos el fuego y dejamos que cueza despacito con la tapa puesta durante 50 minutos.

Pasado este tiempo, agregamos las patatas cortadas en cubos y dejamos que cueza todo otros 15-20 minutos hasta que las patatas estén tiernas. Destapamos la cazuela durante los últimos 5 minutos para que se vaya reduciendo la salsa.

Servimos con más perejil picado.

CONSEJOS

- Si en algún momento veis que la carne se está secando (puede pasar cuando añadimos las patatas), verted un poquito más de agua.

CONSERVACIÓN

- En la nevera este guiso aguanta 3-4 días en un táper de cristal.

POLLO AL CURRI CON MANGO

Esta versión de pollo al curri os va a volver locos: es cremosa, sabrosa y muy equilibrada. Una receta superversátil que podéis llevar a la oficina, servir en un bufet o en una comida o cena con amigos. Sea como sea, vais a triunfar.

35 min

para 2 personas

350 g de pechugas de pollo

aceite de oliva virgen extra

sal

pimienta

½ cebolla

1 trocito de jengibre fresco

250 ml de caldo de verduras (suelo hacerlo casero aprovechando las verduras que cuezo para mi hijo)

300 ml de leche de coco en lata

2 cucharaditas de curri en polvo

cayena al gusto

1 mango

la ralladura y el zumo de 1 lima

cilantro fresco al gusto

1 puñado de anacardos tostados

PASO A PASO

En una cazuela con aceite de oliva virgen extra, doramos a fuego fuerte el pollo salpimentado hasta que esté bien sellado por todas sus caras. Retiramos y reservamos.

En esa misma cazuela, pochamos la cebolla picada con una pizca de sal y pimienta y el jengibre picado o rallado. Añadimos el caldo de verduras y despegamos todo lo que se haya quedado pegado en el fondo de la cazuela. Ahora agregamos la leche de coco, el curri en polvo y la cayena y emulsionamos con varillas. Una vez que rompa a hervir, volvemos a incorporar el pollo y el mango cortado en dados.

Cocinamos a fuego medio sin tapar hasta que el pollo esté tierno y la salsa bien reducida y cremosa. El tiempo puede variar en función de la cantidad de salsa y del grosor del pollo, entre 20-25 minutos.

Servimos con un poco de ralladura de lima, anacardos picados y cilantro fresco.

CONSEJOS

- La clave, como siempre: paciencia. Dejad reducir la salsa hasta lograr una buena textura. Si la removéis con varillas, conseguiréis que se emulsione bien y quede muy cremosa.

- Como guarnición, cualquier cereal integral como el arroz es perfecto.

CONSERVACIÓN

- En la nevera el pollo aguanta 3-4 días y se puede congelar sin problema. Cuando descongeléis, dadle un hervor y emulsionad la salsa con unas varillas.

MERLUZA CON SALSA DE VIEIRAS

Buscando inspiración para las recetas de pescado de este libro, le pregunté a mi madre
y me contó que ella preparaba mucho esta. Lo curioso es que yo nunca la había comido.
La cocinamos juntas un día que siempre recordaré. La llama «salsa de vieiras» porque es la que
hace para las vieiras en Navidad. Fundamental: mucha cebolla muy pochada.

35 min

para 6 personas

1 merluza de 1,5 kg

pimienta

el zumo de 1 limón

PARA LA SALSA

3 cebollas grandes

3 dientes de ajo

aceite de oliva virgen extra

2 hojas de laurel

1 puñado de perejil

sal

½ vaso de vino blanco

1 cucharadita de pimentón
   dulce

1 cucharada de pimentón
   picante (opcional)

PASO A PASO

Para hacer la salsa, picamos las cebollas en trozos pequeños. En una sartén a fuego medio con aceite de oliva virgen extra, las cocinamos con los dientes de ajo cortados en rodajas, el laurel, el perejil picado y sal hasta que esté todo muy pochado. A media cocción, cuando las cebollas se hayan reducido de tamaño, añadimos el vino blanco, esperamos a que se evapore el alcohol, y agregamos el pimentón dulce y, si nos gusta, el picante.

Mientras se cocinan las cebollas, troceamos los lomos de merluza, los salpimentamos y los ponemos en una fuente de horno con el zumo de limón. Dejamos reposar para que maceren.

Colocamos la cebolla pochada encima de los trozos de merluza y horneamos durante 8-10 minutos a 180 °C hasta que esté cocinada por dentro.

CONSEJOS

- Aunque os parezca que es mucha cebolla, no lo es porque es la base de la salsa. Es muy importante dedicarle tiempo a que se rehogue despacito.

- El tiempo de cocción en el horno dependerá del grosor de las piezas de merluza y de cada horno.

CONSERVACIÓN

- Podemos dejar la salsa preparada y cocinar el pescado en el horno en el momento de consumir.

BESUGO A LA NARANJA

Esta receta es una versión de una que publicó mi abuela hace años en un periódico.
Repasando sus platos para inspirarme, encontré esta y me pareció muy @foodtropia.
Cuando la versioné en casa, a todos nos gustó mucho, así que decidí incluirla.

35 min
para 2 personas

1 besugo de ½ kg
sal
pimienta
100 ml de vino blanco
100 ml de caldo o agua
el zumo 1 naranja
aceite de oliva virgen extra
100 g de bimi
1 cucharadita de pimentón
1 cucharadita de ajo en polvo
1 chorrito de salsa de soja
rodajas de naranja al gusto

PASO A PASO

En una fuente de horno, ponemos el besugo salpimentado con el vino blanco, el caldo o agua, el zumo de naranja y un poquito de aceite de oliva virgen extra. Horneamos a 180 °C durante 7-8 minutos.

Mientras se cocina el pescado, cocemos el bimi en agua con sal durante 3-4 minutos, lo retiramos, lo ponemos en un bol y lo aliñamos con el pimentón, el ajo en polvo, sal, pimienta y aceite de oliva virgen extra. En una sartén con aceite de oliva virgen extra, lo salteamos a fuego fuerte hasta que esté dorado, añadimos la salsa de soja, reducimos y reservamos.

Retiramos el pescado de la fuente y pasamos la salsa que se ha formado a un cazo. Hervimos la salsa a fuego fuerte hasta que reduzca y coja textura.

Servimos el pescado con la salsa, unas rodajas de naranja y el bimi salteado.

CONSEJOS

- Podemos preparar esta receta con dorada.

- Si no tenemos bimi, podemos hacerla con unos trocitos de brócoli.

CONSERVACIÓN

- Esta receta se debe preparar en el momento de consumir. En la nevera aguanta 1 día, pero no recomiendo congelar.

FLAN DE CAQUI, NARANJA, CACAO Y FLOR DE SAL

*Cuando llega la temporada de caquis, siempre me propongo hacer recetas nuevas con ellos.
Son perfectos para hacer postres saludables, ya que, al tener mucha pectina, gelifican muy bien
y se logra una consistencia similar a la de las natillas o el flan.*

2 h y 10 min (incluye el
  tiempo de refrigeración
  en la nevera)
para 4 flanes

---

400 g de caquis (kaki
  Persimon®)

1 cucharada colmada de cacao
  puro en polvo

1 cucharadita de miel

la ralladura de 1 naranja

60 g de chocolate negro
  para fundir

sal en escamas o flor de sal
  al gusto

PASO A PASO

Pelamos los caquis y los trituramos en un vaso batidor junto con el cacao, la miel y la ralladura de media naranja.

Pasamos la mezcla a los moldes para flan de 8 cm de diámetro y dejamos enfriar en la nevera al menos un par de horas hasta que cojan consistencia.

Derretimos el chocolate negro en el microondas a intervalos de 30 segundos para que no se queme.

Transcurridas las 2 horas, desmoldamos los flanes y servimos con el chocolate fundido, la ralladura de la otra media naranja y sal en escamas por encima.

CONSEJOS

- Cuanto más maduros estén los caquis, más dulces serán los flanes.

- Dejamos reposar en la nevera el tiempo necesario antes de desmoldar.

- Si nos sobran caquis, podemos triturarlos con yogur griego y algo de cacao en polvo y hacer una especie de natillas.

CONSERVACIÓN

- En la nevera aguantan 2-3 días.

BIZCOCHO DE ZANAHORIA CON CREMA DE MASCARPONE Y CHIPS DE COCO

Este bizcocho puede servirse de postre en una cena con amigos, para desayunar en casa, como tarta de cumpleaños y como acompañamiento de un foie o paté (en ese caso, sin crema).

55 min (incluye el tiempo de horneado)

para 1 bizcocho

---

180 g de harina de trigo o espelta

6 g de levadura

1 cucharadita de sal

1 cucharadita de canela

½ cucharadita de jengibre

40 g de mantequilla

40 ml de aceite de oliva suave

2 huevos

la ralladura de 1 limón

la ralladura de 1 naranja

50 g de azúcar moreno de caña integral

50 g de miel

2 zanahorias (100 g aprox.)

30 g de nueces picadas

chips de coco para decorar al gusto

PARA LA CREMA

250 g de queso mascarpone

1 yogur griego

1 cucharadita de azúcar o miel

PASO A PASO

En un bol, mezclamos los ingredientes secos: la harina tamizada, la levadura, la sal, la canela y el jengibre.

En otro bol y con la ayuda de unas varillas, mezclamos los ingredientes húmedos: la mantequilla derretida, el aceite, los huevos, las ralladuras, el azúcar, la miel y las zanahorias ralladas.

Vertemos el contenido del bol de los ingredientes húmedos sobre el bol de los ingredientes secos y mezclamos con la ayuda de una espátula hasta que quede todo bien integrado. Añadimos la mitad de las nueces picadas y reservamos la otra mitad.

Forramos un molde rectangular de 22-25 cm con papel vegetal y vertemos ¾ de la masa. Esparcimos por encima las nueces que teníamos reservadas y cubrimos con el resto de la masa.

Horneamos a 180 °C con calor arriba y abajo durante 40 minutos o hasta que pinchemos con un chuchillo y este salga limpio.

Preparamos la crema: en un bol mezclamos el queso, el yogur y el azúcar o miel. Integramos bien y reservamos en la nevera.

Desmoldamos el bizcocho y, cuando se haya enfriado, lo servimos cortado en rebanadas con un poco de crema y unos chips de coco que podemos tostar previamente en una sartén.

CONSEJOS

- No se debe abrir el horno durante la cocción.

CONSERVACIÓN

- En la nevera el bizcocho aguanta 4 días. Se puede congelar en rebanadas.

OCASIONES ESPECIALES CON FAMILIA Y AMIGOS

RECETAS PARA CADA OCASIÓN

CREMA DE CASTAÑAS
Y CHAMPIÑONES PORTOBELLO

Cuando llega la temporada de castañas, soy de las que va por la calle y se compra un cucurucho. El primero que probó esta receta fue mi hijo Pedro y le encantó. Sabía que tenía que incluirla en el libro porque es perfecta como primer plato de una cena en casa con amigos.

40 min
para 4 personas

25-30 castañas (450 g aprox.)
1 puerro
aceite de oliva virgen extra
sal
300 g de champiñones portobello
pimienta
1 puñado de avellanas tostadas
tomillo fresco al gusto (opcional)

PASO A PASO

Hacemos una cruz cortando la piel de las castañas y las horneamos a 150 °C durante 18-20 minutos hasta que estén cocidas y se puedan pelar con facilidad.

Mientras tanto, cortamos el puerro y en una cazuela con aceite de oliva virgen extra y una pizca de sal lo pochamos hasta que esté transparente.

Limpiamos con un trapo los champiñones, los cortamos por la mitad y los incorporamos a la cazuela, subimos el fuego y cocinamos durante 5 minutos.

Una vez peladas, agregamos las castañas a la cazuela con el resto de los ingredientes. Cubrimos con agua (o caldo de verduras o pollo) y cocinamos a fuego suave 5-7 minutos.

Trituramos la crema y rectificamos de sal y pimienta.

Emplatamos sirviendo la crema con avellanas picadas y tomillo.

CONSEJOS

- Para asar mejor las castañas, podemos meter un recipiente de cerámica con agua en el horno para generar vapor.

- Para acortar tiempos de elaboración, podemos comprar las castañas previamente asadas.

CONSERVACIÓN

- En la nevera esta crema aguanta 2-3 días. Para recalentar, le damos un hervor y, si fuera necesario, un golpe de minipimer para volver a emulsionar.

CREMA DE TOMATE CON MANGO, BURRATA Y ALBAHACA

Según mi marido, la crema de tomate más rica que he preparado nunca. Se me ocurrió la combinación a raíz de una ensalada que hice hace años, que llevaba los mismos ingredientes y que triunfó en mi Instagram. El mango aporta el dulzor necesario para rebajar la acidez del tomate.

15 min
para 4 personas

5 tomates pera
1 mango
20 g de cebolleta
1 chorro de aceite de oliva
    virgen extra
sal
unas gotas de vinagre
    de manzana
1 burrata
pimienta
5 hojas de albahaca fresca

PASO A PASO

Lavamos y cortamos los tomates y el mango. Reservamos un poquito de los dos ingredientes para emplatar.

En una procesadora, trituramos a máxima potencia durante 2 minutos los tomates, el mango y la cebolleta con un chorro generoso de aceite de oliva virgen extra y sal. Probamos, rectificamos y añadimos unas gotas de vinagre de manzana al gusto. Si la textura nos parece demasiado densa, podemos añadir medio vaso de agua y volvemos a triturar unos segundos más. Enfriamos en la nevera.

Colamos la crema y emplatamos: colocamos en un plato hondo un poco de burrata aliñada con aceite de oliva virgen extra, sal y pimienta, y vertemos la crema de tomate fría alrededor; decoramos con unas hojas de albahaca fresca recién picada y unos daditos pequeños de tomate y mango.

CONSEJOS

- Hay que colar bien la crema para evitar pieles de tomate y alguna hebra de mango que se haya podido quedar.

- Mejor no triturar la crema con la albahaca porque cambia el color. Añadámosla picada siempre en el momento de servir.

- Podemos servir esta crema como aperitivo en vasitos; en ese caso, ponemos menos burrata y la añadimos en el último momento para que no se empape demasiado y no se vaya al fondo del vaso.

CONSERVACIÓN

- Podemos dejarla preparada la noche anterior y conservarla en una jarra sin los *toppings*, que aconsejo poner en el momento de emplatar. En la nevera aguanta 3 días. No recomiendo congelarla.

RISOTTO DE TRIGUEROS
Y JUDÍAS VERDES

En mi primer libro os encantó la receta de risotto con calabaza y champiñones portobello.
Ahora que habéis aprendido la técnica, quiero compartir con vosotros esta versión que está brutal.

30 min

para 2 personas

1 cebolla

aceite de oliva virgen extra

sal

250 g de arroz (si es la variedad
carnaroli, mejor)

½ vaso de vino blanco

450 ml de caldo de pollo
o verduras

300 g de espárragos trigueros

200 g de judías verdes

40 g de mantequilla

60 g de queso pecorino romano
o parmesano

CONSEJOS

- Es importante tener
el caldo caliente e irlo
incorporando poco
a poco mientras se
remueve para que el
arroz suelte su almi-
dón y así conseguir un
efecto cremoso.

- Es un plato para con-
sumir en el momento.

PASO A PASO

Picamos la cebolla en dados pequeños y la pochamos en una cazuela con aceite de oliva virgen extra y sal. Añadimos el arroz y
lo nacaramos hasta que se vuelva como una perla transparente.
Agregamos el vino y lo reducimos casi por completo.

En un cazo aparte, calentamos el caldo y lo vamos incorporando en varias tandas al arroz. Removemos para que el arroz vaya
soltando el almidón. Cuando se haya absorbido por completo, añadimos más caldo, y así hasta que el grano empiece a estar blandito.

Mientras, preparamos una crema con los espárragos y las judías.
Ponemos la mitad de las judías y los espárragos en una cazuela con
aceite de oliva virgen extra (reservamos algunas puntas para decorar), los pochamos y cubrimos con agua, dejamos que cueza 10 minutos y trituramos.

Cortamos en trozos muy pequeñitos la otra mitad de los espárragos y las judías y lo salteamos todo con aceite de oliva virgen
extra a fuego fuerte. Retiramos y reservamos.

Cuando se nos haya acabado el caldo y el grano de arroz esté
tierno, añadimos la crema que hemos preparado, removemos y cocinamos hasta que el grano esté en su punto.

Agregamos ahora la mantequilla y el queso, mezclamos hasta
integrar por completo y terminamos con las verduras salteadas
para darle un toque crujiente.

Servimos al momento.

CONSERVACIÓN

- Si queréis adelantar algo, podéis dejar el arroz algo menos
hecho y terminar de cocinarlo, y añadir la mantequilla y
el queso cuando lo vayáis a comer.

LINGUINE NEGROS CON CIGALAS

Una receta de pasta muy sabrosa con la que conquistaréis a vuestros invitados. Si os apetece daros un homenaje de cigalas, pero no queréis gastar mucho dinero, esta receta es la mejor opción.

30 min

para 2 personas

6 cigalas frescas

aceite de oliva virgen extra

2 dientes de ajo

40 ml de vino blanco

400 g de tomate triturado

250 ml de agua

200 g de pasta negra
(linguine o espaguetis)

perejil fresco al gusto

PASO A PASO

Pelamos cuatro cigalas y reservamos los cuerpos por un lado y las cabezas y cáscaras por otro.

En una cazuela, ponemos aceite de oliva virgen extra, un ajo machacado con piel y las cabezas y cáscaras, y lo doramos aplastando las cabezas para extraer su jugo. Añadimos el vino, esperamos a que se evapore el alcohol, y agregamos dos cucharadas de tomate triturado, mezclamos y cubrimos con el agua. Dejamos que cueza a fuego medio sin tapar durante 15 minutos. Si aparece espuma la retiramos. Colamos y reservamos.

En una sartén con aceite de oliva virgen extra, doramos a fuego medio-fuerte las 6 cigalas. Las que están sin cáscara las retiramos primero (basta con unos segundos, pues terminarán de hacerse cuando las mezclemos con la pasta caliente) y el resto las cocinamos 2-3 minutos hasta que estén doradas. Retiramos y reservamos.

En la misma sartén, ponemos más aceite de oliva virgen extra y doramos el otro diente de ajo picado. Cuando tenga color, añadimos el resto del tomate triturado y el caldo. Cocinamos la salsa durante 15 minutos hasta que haya reducido.

Cocemos la pasta en agua con sal el tiempo que indique el fabricante. Reservamos un poco de agua de cocción y escurrimos.

Pasamos la pasta cocida a la sartén donde tenemos la salsa, añadimos las cigalas, mezclamos bien y servimos con perejil.

CONSEJOS

- Utilizad cigalas frescas, aunque sea poca cantidad, tendrán mucho sabor.

- Podéis hacer una versión similar con langosta, bogavante o carabineros.

CONSERVACIÓN

- La salsa se puede preparar con antelación, pero os recomiendo que cocinéis las cigalas y la pasta en el momento en el que las vayáis a consumir.

ESPAGUETIS CON PERA Y QUESO PARMESANO

Cada temporada me gusta compartir una receta de pasta diferente y especial, y esta es una de las que más éxito ha tenido en mi cuenta de Instagram. Así que me apetecía incluirla en el libro. La combinación de pera y parmesano es brutal, y os aseguro que vais a sorprender a vuestros comensales.

30 min
para 2 personas

2 peras
aceite de oliva virgen extra
1 puerro
sal
160 g de espaguetis
40 g de queso parmesano
albahaca fresca al gusto

PASO A PASO

En una sartén con aceite de oliva virgen extra, cocinamos las peras troceadas a fuego fuerte. Cuando estén doradas, retiramos y reservamos.

En esa misma sartén, cocinamos el puerro cortado en trozos no muy grandes a fuego suave con aceite de oliva virgen extra y sal. Cuando esté transparente, añadimos de nuevo las peras.

Cocemos la pasta en una cazuela con abundante agua con sal el tiempo que indique el fabricante en el paquete. Antes de colarla, reservamos un poco de agua de cocción.

Incorporamos los espaguetis a la sartén con las peras y el puerro, agregamos el queso parmesano y un cazo de agua de cocción. Mezclamos bien para integrar y conseguir una textura melosa.

Servimos con un poco más de queso parmesano por encima y albahaca fresca picada al gusto.

CONSEJOS

- Os recomiendo comprar peras más bien maduras y caramelizarlas en su propio jugo hasta que estén bien doradas.

- Cocinamos el puerro en la misma sartén que las peras para que coja mucho sabor.

- Es un plato perfecto para sorprender en una cena y no complicarse mucho con el menú.

CONSERVACIÓN

- En la nevera estos espaguetis aguantan 2-3 días. Como cualquier plato de pasta, lo mejor es consumirlo en el momento, pero si sobra y lo queréis recalentar, hacedlo siempre en una sartén a fuego bajo con un poquito de agua y la tapa puesta.

CANELONES DE APROVECHAMIENTO CON POLLO ASADO, TRUFA Y QUESO GRANA PADANO

Siempre que os sobre pollo o pavo asado intentad utilizarlo en alguna receta de aprovechamiento como croquetas o estos deliciosos canelones a los que el toque de trufa y queso los hace muy especiales.

1 h
para 2 personas

12 placas de pasta
   para canelones

400 g de pollo asado

30 g de queso grana padano

1 cucharadita de pasta de trufa

sal

PARA LA BECHAMEL

45 g de mantequilla

45 g de harina de espelta

400 ml de leche

200 ml de caldo de pollo

sal

pimienta

CONSEJOS

- Para hacer estos canelones también podemos utilizar el pavo que nos haya sobrado de la receta de la página 67. Si no tenemos sobras, podemos cocinar unas pechugas de pollo a la plancha y, después, desmenuzar la carne.

PASO A PASO

Cocemos las placas de pasta y las reservamos sobre un paño.

Para hacer la bechamel, derretimos la mantequilla en un cazo, agregamos la harina y cocinamos durante un par de minutos hasta que empiece a burbujear. Añadimos la leche a temperatura ambiente, el caldo de pollo, sal y pimienta y removemos contantemente con unas varillas hasta que empiece a espesar. Damos un hervor y reservamos.

En un bol, mezclamos el pollo, que habremos picado previamente con 180 g de bechamel, el queso y la pasta de trufa hasta obtener un relleno con textura cremosa. Si fuera necesario, añadimos más bechamel hasta obtener esa consistencia.

Colocamos una cucharada del relleno sobre una placa de pasta, enrollamos para cerrar y formar el canelón, y luego la disponemos sobre una fuente mediana de horno. Repetimos este paso hasta terminar con todo el relleno.

Cubrimos los canelones con el resto de la bechamel, espolvoreamos queso grana padano rallado por encima y gratinamos con la opción de grill a 250 °C hasta que empiece a dorarse.

CONSERVACIÓN

- Podemos preparar los canelones la noche anterior, dejarlos bien tapados y conservarlos en la nevera. También hacer raciones individuales en táperes de cristal y congelarlos. En estos casos, horneamos a 180 °C para calentarlos y terminamos con la opción de grill para gratinar.

SOLOMILLO DE CERDO CON CASTAÑAS

La elaboración ideal para sorprender a vuestros amigos o familiares en una cena otoñal. Seréis el perfecto anfitrión, y estoy segura de que vuestros comensales os pedirán la receta.

40 min
para 4 personas

400 g de castañas
1 solomillo de 1,5 kg
aceite de oliva virgen extra
sal
pimienta
12 cebollitas
2 manzana
200 ml de vino Pedro Ximénez
500 ml de caldo de pollo

PASO A PASO

Paso previo: si somos nosotros quienes asamos las castañas, debemos hacerles un corte y meterlas en el horno a 180 °C durante 15-20 minutos.

En una cazuela con aceite de oliva virgen extra, sellamos a fuego fuerte el solomillo previamente salpimentado por todas sus caras. Retiramos y reservamos.

En esa misma cazuela, doramos las cebollitas y las manzanas cortadas en gajos. Retiramos las manzanas y reservamos. Desglasamos ahora con el vino, esperamos un par de minutos a que se evapore el alcohol y añadimos las castañas peladas. A continuación, agregamos el caldo y cocemos 15 minutos más hasta que las cebollitas estén tiernas y las castañas, jugosas. Retiramos las castañas y las cebollitas, y reservamos.

Continuamos cocinando la salsa para reducirla hasta que quede brillante y concentrada.

Si queremos el solomillo más hecho, lo metemos en la salsa 5-7 minutos más.

Servimos la carne troceada con la salsa, las manzanas, las cebollitas y las castañas.

CONSEJOS

- Si el solomillo no es de cerdo ibérico, os recomiendo que cocinéis la carne por completo.

- Podéis sustituir las manzanas por peras, pero en cualquier caso es importante que la fruta esté madura para que simplemente tengáis que marcarla y esté dulce.

- Si queréis acortar los tiempos, utilizad castañas previamente asadas.

CONSERVACIÓN

- Si no lo vais a consumir en el momento de cocinar, os recomiendo que hagáis el solomillo 5 minutos menos para poder darle un calentón ese día y que no se seque en exceso.

REDONDO DE TERNERA CON SALSA DE SETAS Y GROSELLAS

Una de mis carnes favoritas es el redondo de ternera. Es uno de esos platos a los que recurro cuando tengo una cena en casa con amigos y me he quedado sin ideas. Es fácil, a los invitados les encanta y lo puedo dejar preparado con antelación. Este lleva una salsa con setas, champiñones, tomillo y grosellas que está deliciosa.

45 min

para 6-8 personas

1 redondo de ternera
  de 1,5 kg aprox.

aceite de oliva virgen extra

sal

pimienta

1 cebolla grande

250-300 g de champiñones
  y setas variadas

300 ml de vino Pedro
  Ximénez o caldo de carne,
  pollo o verduras

tomillo fresco al gusto

70 g de grosellas

1 cucharada de salsa de soja

1 cucharadita de miel

PASO A PASO

En una cazuela a fuego fuerte, sellamos con aceite de oliva virgen extra el redondo salpimentado por todas sus caras hasta que esté bien dorado. Retiramos y reservamos.

En la misma cazuela, doramos la cebolla picada con un poco más de aceite de oliva virgen extra y sal. Añadimos las setas y los champiñones limpios, subimos el fuego y salteamos. Si son muy grandes, podemos trocearlos. Agregamos el vino Pedro Ximénez o el caldo, el tomillo y las grosellas.

Volvemos a incorporar el redondo a la cazuela y cocinamos unos 15 minutos por cada medio kilo de carne. A mitad de cocción, le damos la vuelta.

Retiramos la carne y la reservamos para que repose. Dejamos que la salsa se reduzca un poco más y le añadimos la salsa de soja y la miel para rebajar la acidez de las grosellas.

Cortamos el redondo en rodajas y servimos con la salsa, las setas y las grosellas.

CONSEJOS

- El punto de la carne es muy personal, pero yo suelo calcular unos 15 minutos por cada medio kilo de carne.

- Respecto a la salsa de soja, añadid la cantidad que queráis para ajustarla a vuestro gusto, pero no os paséis para que no resulte muy salado.

CONSERVACIÓN

- En la nevera el redondo aguanta 2-3 días.

MERLUZA CON BERBERECHOS, CURRI, COCO Y JENGIBRE

Los que me seguís desde hace tiempo sabéis que me encanta preparar recetas con curri, y esta merluza con berberechos es una de ellas.

35 min

para 2 personas

3-4 piezas de merluza
(depende del tamaño)

aceite de oliva virgen extra

sal

pimienta

200 g de berberechos

perejil fresco al gusto

PARA LA SALSA

50 g de ajos tiernos o cebolleta

aceite de oliva virgen extra

sal

pimienta

200 g de calabaza

1 cucharadita de jengibre fresco
o en polvo

1 cucharadita de concentrado
de tomate

1 cucharadita de curri en polvo

el zumo de ½ lima

perejil o cilantro fresco al gusto

200 ml de caldo de pescado

250 ml de leche de coco en lata

PASO A PASO

Para hacer la salsa, en una cazuela con aceite pochamos el ajo o cebolleta con sal y pimienta hasta que esté dorado. Añadimos la calabaza cortada en dados pequeños y la rehogamos 2-3 minutos. Agregamos ahora el jengibre fresco picado, el tomate concentrado, el curri, el zumo de lima, el perejil, el caldo de pescado y la leche de coco. Cuando rompa a hervir, bajamos el fuego y dejamos cocer a fuego medio hasta que se reduzca y concentre la salsa.

En una sartén a fuego medio-alto con aceite, marcamos el pescado salpimentado. Empezamos cocinando la parte de la piel y no lo tocamos hasta que podamos darle la vuelta con facilidad. Lo hacemos muy poquito porque terminará de cocinarse en el guiso.

En un cazo con un dedo de agua, ponemos los berberechos, tapamos y esperamos a que se abran. Colamos y reservamos.

Añadimos el pescado y los berberechos a la salsa, apagamos el fuego y lo dejamos tapado 2-3 minutos.

Servimos con un poquito más de perejil.

CONSEJOS

- Abrid los berberechos en otro cazo para evitar que suelten arena en la salsa. Si alguno no se abre, se retira.

- Para emulsionar la salsa es importante que la mezcléis bien con unas varillas.

CONSERVACIÓN

- Si queréis servir esta receta en una cena o comida con amigos, podéis dejar la salsa preparada la noche anterior y simplemente cocinar el pescado y los berberechos en el momento de servir.

ZAMBURIÑAS A LA PLANCHA CON *GUANCIALE* SOBRE PURÉ DE PATATAS TRUFADO

Si habéis organizado una cena en casa con amigos y queréis sorprenderles con un entrante diferente, preparad estas zamburiñas. Les van a encantar.

35 min

para 3 personas

30 g de *guanciale*

6 zamburiñas o volandeiras

aceite de oliva virgen extra

sal

PARA EL PURÉ

200 g de patatas

75 ml de leche

20 g de mantequilla

sal

pimienta

1 cucharadita de pasta de trufa o aceite de trufa

PASO A PASO

Para preparar el puré, cocemos las patatas con piel en agua hirviendo con sal hasta que las pinchemos y estén blanditas. Luego, las pelamos y chafamos con un tenedor o pasapuré hasta que no haya trozos, añadimos la leche caliente y la mantequilla a temperatura ambiente, sal y pimienta. Con la ayuda de unas varillas, emulsionamos el puré hasta que la mantequilla se deshaga con el calor de las patatas y todos los ingredientes se integren bien. Agregamos la pasta de trufa o aceite de trufa y mezclamos.

Cortamos el *guanciale* en tiras pequeñas y lo cocinamos en una sartén hasta que esté dorado. Retiramos y reservamos.

En la misma sartén y aprovechando la grasa que ha soltado el *guanciale*, marcamos a fuego fuerte las zamburiñas por ambas caras durante 1 o 2 minutos (dependiendo del grosor).

A la hora de servir, ponemos una base de puré en las conchas, encima las zamburiñas y terminamos con un poco de *guanciale* salteado.

CONSEJOS

- Si nos sobra puré de patatas, podemos guardarlo y servirlo como guarnición de otros platos principales.

- Si no tenéis *guanciale*, podéis utilizar panceta o beicon.

CONSERVACIÓN

- Podemos dejar adelantado el puré y el *guanciale*, pero cocinamos las zamburiñas en el momento de consumir.

RODABALLO CON TRIGUEROS Y PATATITAS

Tener invitados en casa es una buena excusa para comprar rodaballo,
encender el horno y disfrutar de un plato rico y sin complicaciones.
Podéis preparar la misma receta con cualquier otro pescado que os guste.

45 min

para 4 personas

---

2 cebollas

1 manojo de espárragos
    trigueros

12 patatitas

1 chorro de aceite de oliva
    virgen extra

el zumo de 1 limón

100 ml de vino blanco

sal

pimienta

1 rodaballo de 1 kg

perejil fresco al gusto

PASO A PASO

En una bandeja de horno, colocamos las cebollas cortadas en tiras, los espárragos trigueros y las patatitas (si son muy grandes, podemos trocearlas para que no tarden en cocinarse mucho más que el resto). Añadimos un chorrito generoso de aceite de oliva virgen extra, el zumo de medio limón, el vino blanco, sal y pimienta. Horneamos las verduras a 180 °C con ventilador durante 15 minutos.

Pasado este tiempo, ponemos el rodaballo encima y lo embadurnamos con un poquito de aceite de oliva virgen extra y el zumo de la otra mitad del limón (podemos hacerle unos cortes en la piel para que entre bien el calor y se cocine mejor). Horneamos a 180-200 °C durante 15-17 minutos más. El tiempo dependerá del horno y del tamaño del rodaballo.

Servimos con perejil fresco picado.

CONSEJOS

- Pedidle al pescadero que os prepare el rodaballo para cocinar al horno. Podéis hacer este mismo plato con lubina o merluza.

CONSERVACIÓN

- El pescado siempre es mejor cocinarlo cuando se vaya a consumir, ya que se seca cuando se recalienta. Podemos dejar adelantada la guarnición con las verduras y cocinar el pescado en el momento.

MELOCOTONES ASADOS CON SALSA DE NATA, VAINILLA Y TOMILLO

Preparar esta receta ha sido como volver a mi infancia. Mi madre cocinaba estos melocotones asados cuando tenía una cena en casa con amigos, y mis hermanas y yo rezábamos para que sobrara alguno y poder merendarlo al día siguiente. ¡Están tan ricos! He querido hacerla un poquito mía, añadiendo algunos detalles para que sea todavía más especial. Gracias, mamá, porque, sin darte cuenta, con estas cosas nos transmitías amor por la cocina.

1 h y 30 min
para 4 personas

---

800 ml de agua

60 g de azúcar moreno de caña integral sin refinar

4 melocotones

ramitas de tomillo al gusto

PARA LA SALSA

500 ml de nata líquida

1 rama de vainilla

PASO A PASO

En un cazo, calentamos el agua con el azúcar hasta que se disuelva para hacer una especie de almíbar.

Colocamos los melocotones lavados y enteros en una fuente y los regamos con el almíbar. Los metemos en el horno a 170 °C y, de vez en cuando, abrimos y volvemos a regar. Poco a poco iremos viendo que el almíbar se oscurece. Los melocotones se van a ir asando hasta quedar muy tiernos y jugosos. Podemos tenerlos hasta 1 hora y media fácilmente.

En otra cazuela, ponemos la nata a calentar, abrimos la vaina de vainilla y vertemos las semillas y la rama en la nata. Antes de que rompa a hervir, apagamos el fuego, tapamos y dejamos infusionar. Luego dejamos atemperar.

Servimos los melocotones asados con el almíbar y la nata y unas ramitas de tomillo por encima.

CONSEJOS

- Es importante regar de vez en cuando los melocotones para que no queden secos.

- La nata se puede infusionar con las especies que más nos gusten: canela, clavo, cardamomo, pieles de cítricos...

CONSERVACIÓN

- En la nevera los melocotones aguantan 3-4 días bien tapados, y la nata, 2 días.

- Si tenéis una cena, podéis prepararlo todo el día anterior y dar simplemente un golpe de calor a los melocotones en el horno cuando los vayáis a servir.

CREMA DE CHOCOLATE CON GRANOLA

Suelo preparar esta receta con leche y nata, pero esta versión vegana está igual de rica.

2 h y 20 min (incluye el tiempo
    de reposo de la crema)
para 4 personas

---

200 ml de leche de coco en lata

50 g de yemas

25 g de azúcar moreno de caña
    integral

120 g de chocolate negro

1 onza de chocolate negro

PARA LA GRANOLA

200 g de copos de avena

100 g de frutos secos (al gusto:
    almendras, anacardos,
    nueces, avellanas…)

50 g de pipas de calabaza
    y girasol

semillas variadas al gusto

2 cucharadas de miel

1 cucharada de aceite de oliva
    virgen extra

PASO A PASO

Calentamos la leche de coco en un cazo sin que llegue a hervir y mezclamos las yemas con el azúcar en un bol. Vertemos la leche de coco sobre las yemas y el azúcar, y removemos con unas varillas para evitar que el huevo cuaje.

Una vez que esté todo integrado, volvemos a poner la mezcla en el cazo y cocinamos a fuego medio-bajo removiendo con una espátula constantemente, para evitar que el huevo cuaje, hasta que veamos que la crema empieza a coger cuerpo y adquiere un tono brillante.

Fundimos el chocolate negro. Vertemos la crema inglesa sobre el chocolate derretido. Con la ayuda de una espátula, vamos removiendo desde el fondo del cuenco haciendo una emulsión. Primero parecerá que el chocolate se corta, pero debemos continuar removiendo hasta integrar la crema. Hacemos este proceso en tres veces hasta incorporar toda la crema. Tapamos con papel film al contacto y reservamos en la nevera 2 horas.

Para hacer la granola, mezclamos los copos de avena con los frutos secos picados, las pipas y las semillas. Añadimos la miel y el aceite, y combinamos hasta que se impregne todo. Formamos «pelotitas» con las manos y las colocamos sobre una bandeja de horno con papel vegetal y horneamos a 180 °C durante 20 minutos. Abrimos cada 5-7 minutos para remover y evitar que se queme.

Servimos la crema en copas y la decoramos con la granola y la onza de chocolate rallada.

CONSEJOS

- Para saber si la crema está lista, apartamos del fuego y mojamos una cuchara en la crema. Si, al deslizar un dedo, vemos que se forma una línea y que la crema no se escurre por la cuchara es que está en el punto correcto de cocción.

CONSERVACIÓN

- En la nevera la crema aguanta 2 días y la granola, hasta 3 semanas en un tarro de cristal.

MENÚS

Revisados por la nutricionista Elisa Blázquez

De picoteo

La idea es que, como en este tipo de ocasiones se suelen preparar varios platos, aprovechéis y optimicéis elaboraciones e ingredientes. Por ejemplo, si compráis tortillas de maíz para quesadillas, haced también los totopos o los tacos.

PROPUESTA 1

Aprovechad las tortillas para hacer tres recetas diferentes.

· Quesadillas con queso scamorza, pollo e higos
· Totopos caseros con chili de carne y alubias
· Tacos de secreto con maíz, cebolla encurtida y pimiento verde
· Coca de verduras y boquerones con salsa romesco
· Tartar de gambas con aguacate y mango sobre obleas de arroz crujiente
· Bocaditos de tarta de queso a mi manera

PROPUESTA 2

Aprovechad que preparáis pan naan para hacer dos recetas diferentes.

· *Dip* de queso feta y albahaca con pan naan y crudités
· Pizza exprés en dos versiones
· Coca de verduras y boquerones con salsa romesco
· Minihamburguesas de ternera, verduras y queso
· Copas de sorbete de mango con frambuesas, menta y mango deshidratado

PROPUESTA 3

Aprovechad que cocináis las costillas de cerdo y utilizad una parte para hacer los cigarrillos. Con la masa filo podéis hacer los saquitos y los cigarrillos, y con el hojaldre las tostas y el milhojas.

· Costillas de cerdo con salsa barbacoa casera
· Cigarritos de costilla, manzana y setas shiitake con salsa de mostaza y miel
· Saquitos de puerros y champiñones
· Tosta de hojaldre con tartar de remolacha, fresas y piparras y sardina ahumada
· Minimilhojas de crema pastelera con higos (receta incluida en el capítulo «Para un bufet»)

Para un bufet

Podéis combinar y mezclar al gusto. Yo os propongo tres opciones para diferentes estaciones.

Todas las propuestas están pensadas para que haya mar y montaña. Además, siempre encontraréis una opción rica en vegetales para que el menú resulte más ligero. La degustación de varios platos a la vez es fresca y digestiva.

PROPUESTA 1 | MÁS VERANIEGA

· Crema fría de puerros, uvas y almendras
· Ensalada de pasta con brevas, anchoas y burrata
· Carpaccio de champiñones portobello con vinagreta de mango, granada y pistachos
· Pastel de puerros y trigueros con panceta y setas
· Salmón marinado en remolacha con blinis caseros y salsa de mostaza, eneldo y miel
· Minimilhojas de crema pastelera con higos

PROPUESTA 2 | MÁS PRIMAVERAL

· Crema de calabacín, queso feta y albahaca
· Ensalada de espinacas baby, alcachofas, jamón crujiente, nueces y queso de oveja
· El *roast beef* de mi madre
· El salpicón de langostinos de mi abuela
· Tarta de masa filo con crema de limón y pistachos

PROPUESTA 3 | MÁS INVERNAL

· Crema de coliflor y manzana
· Ensalada de zanahoria, queso feta y almendras tostadas con vinagreta de curri (receta incluida en el capítulo «Cenas entre semana»)
· Pavo asado con ciruelas, orejones y bimi
· Pimientos del piquillo rellenos de langostinos y setas
· Bocaditos de tarta de queso a mi manera (receta incluida en capítulo «De picoteo»)

Para llevar a la oficina

Completad estos menús con otras recetas del libro que os encajen según la temporada. Si os organizáis y hacéis algo de *batch cooking*, podéis tener muchas recetas ricas y sanas para llevar a la oficina.

Cada *batch cooking* tiene un día de legumbre, uno de pasta o grano, un plato de verdura fácil de combinar con cualquier proteína sencilla, una carne y un pescado. De esta manera tendréis un menú muy nutritivo y variado para afrontar toda la semana.

También propongo una receta dulce para vuestros desayunos, meriendas o postres.

PROPUESTA PARA SEMANA 1

· Ensalada de cuscús con calabacín, queso feta y vinagreta de limón y orégano
· Guiso de garbanzos con setas y tomillo
· «Raviolis» de calabacín rellenos de ricota y espinacas
· Pastel de carne y alubias rojas con puré de boniato
· Merluza con salsa de vieiras (receta incluida en «Comidas de diario y fin de semana»)
· Galletas doble chocolate y nueces

PROPUESTA PARA SEMANA 2

· Ensalada de garbanzos crujientes, mi versión de la salsa César
· Gazpacho de frutos rojos y remolacha
· Espirales con pesto de brócoli, nueces, aceitunas y tomates cherri
· Albóndigas de ternera y cerdo con salsa de tomate y calabaza
· Pimientos del piquillo rellenos de langostinos y setas (receta incluida en el capítulo «Para un bufet»)
· Magdalenas integrales de limón, jengibre y miel

PROPUESTA PARA SEMANA 3

· Guiso de garbanzos con setas y tomillo
· Crema de calabaza y ajos asados con aceite de canela y picatostes caseros especiados
· Espaguetis integrales con boloñesa de lenteja roja y setas
· Pollo al curri con mango (receta incluida en «Comidas de diario y fin de semana»)
· Hamburguesas de bacalao con albahaca y mayonesa de lima
· Bizcocho de zanahoria con crema de mascarpone y chips de coco (receta incluida en «Comidas de diario y fin de semana»)

Cenas entre semana ricas y sanas

Podéis completar estas propuestas con opciones rápidas y ricas que encontraréis en los diferentes capítulos de este libro. Las ensaladas y las cremas de verduras siempre son sencillas de preparar y seguro que, si os habéis organizado la semana, contáis con sobras o algo congelado que os pueda solucionar algún día que tengáis menos tiempo o ganas de cocinar.

PROPUESTA PARA SEMANA 1

· Sopa de tomate en honor a mi padre. *Incluyendo de segundo alguna proteína.
· Ensalada de zanahoria, queso feta y almendras tostadas con vinagreta de curri. *Acompañada de una proteína.
· Tagliatelle con salsa de limón, calabacín y alcaparras
· Papillote de gambones con tirabeques, cuscús de coliflor y aliño *thai*
· Pastel de puerros y trigueros con panceta y setas (receta incluida en el capítulo «Para un bufet»)

PROPUESTA PARA SEMANA 2

· Crema de guisantes, pera y calabacín
· Ensalada de cogollos a la plancha con naranja, avellanas, yogur griego y vinagreta de mostaza a la antigua. *Acompañada de una proteína
· Tu pasta favorita con queso feta, albahaca y salmón
· Mejillones con salsa de curri y coco
· Paletilla de cordero con manzana

PROPUESTA PARA SEMANA 3

· Crema de espárragos y aguacate
· Carpaccio de pulpo con tartar de piña y aguacate y mayonesa de pimentón
· Espaguetis con pera y queso parmesano (receta incluida en el capítulo «Ocasiones especiales con familia y amigos»)
· Dorada al horno con sidra, peras y chalotas
· Contramuslo de pollo al limón con lunas de calabacín

Comidas de diario y fin de semana

En mis comidas de diario, si la receta es contundente, suelo servir un plato único, pero podéis incluir en este menú cualquier receta de otros capítulos. Si hacéis una comida de fin de semana y queréis algo más completo, añadid algún entrante o aperitivo del capítulo «De picoteo».

PROPUESTA 1

· Verdinas con pulpo
· *Casarecce* con salsa de espinacas, parmesano y jamón
· Fideuá con sepia
· Perdices en escabeche
· Besugo a la naranja
· Flan de caqui, naranja, cacao y flor de sal

PROPUESTA 2

· Crema de guisantes, pera y calabacín (receta incluida en el capítulo «Cenas entre semana»)
· Macarrones gratinados con salsa de calabaza
· Lasaña de bonito con salsa de tomate, aceitunas negras y alcaparras
· Carne guisada clásica
· Merluza con salsa de vieiras
· Bizcocho de zanahoria con crema de mascarpone y chips de coco

PROPUESTA 3

· Crema de calabacín, queso feta y albahaca (receta incluida en el capítulo «Para un bufet») *Acompañada de una proteína
· Ensalada de tomate con lentejas crujientes, cebolleta, remolacha y alcaparrones
· Arroz negro con zamburiñas y trigueros
· Pollo al curri con mango
· Rodaballo con trigueros y patatitas (receta incluida en el capítulo «Ocasiones especiales»)
· Copas de sorbete de mango con frambuesas, menta y mango deshidratado (receta incluida en el capítulo «De picoteo»)

Ocasiones especiales con familia y amigos

En este tipo de ocasiones me gusta ofrecer a mis invitados algo de aperitivo antes de sentarnos a la mesa, así disfrutan de un rato charlando mientras esperan a que lleguen el resto de los asistentes y yo puedo terminar de preparar lo que falta. Podéis empezar con alguna de las opciones del capítulo «De picoteo».

PROPUESTA 1

Aprovechad que compráis castañas para hacer dos recetas diferentes con ellas.

· Crema de castañas y champiñones portobello
· Solomillo de cerdo con castañas o merluza con berberechos, curri, coco y jengibre
· Crema de chocolate con crujiente de frutos secos y avena

PROPUESTA 2

· Crema de tomate con mango, burrata y albahaca
· Rodaballo con trigueros y patatitas o redondo de ternera con salsa de setas y grosellas
· Melocotones asados con salsa de nata, vainilla y tomillo

PROPUESTA 3

· Crema fría de puerros, uvas y almendras. (Receta incluida en capítulo «Para un bufet». Puedes cambiar de crema según la temporada)
· Linguine negros con cigalas o canelones de aprovechamiento con pollo asado, trufa y queso grana padano
· Copas de sorbete de mango con frambuesas, menta y mango deshidratado (receta incluida en el capítulo «De picoteo»)

PROPUESTA 4

· *Dip* de queso feta y albahaca con pan naan y crudités
· Risotto de trigueros y judías verdes
· Melocotones asados con salsa de nata, vainilla y tomillo

PROPUESTA 5

· Zamburiñas a la plancha con *guanciale* sobre puré de patatas trufado
· Espaguetis con pera y queso parmesano
· Flan de caqui, naranja, cacao y flor de sal (receta incluida en el capítulo «Comidas de diario y fin de semana»)

ÍNDICE DE RECETAS PARA CADA OCASIÓN

ÍNDICE DE RECETAS SEGÚN EL TIPO DE PLATO

CARNES

ÍNDICE DE INGREDIENTES